ピーター・ラヴィーン
マギー・クライン 著

浅井咲子 訳

新訳版

子どものトラウマ・セラピー

自信・喜び・回復力を育むためのガイドブック

国書刊行会

新訳版
子どものトラウマ・セラピー
——自信・喜び・回復力を育むためのガイドブック

まえがき

――今伝えたいおとぎばなし

昔、むかし、あるところに美しい王国がありました。

この国の王様はとても賢くやさしい人でしたが、あることに心を痛めていました。それは8歳の美しく聡明な愛娘が城に引きこもり、一歩も外に出られず、犬を目にし、その鳴き声を聞いただけで絶望的に泣き叫ぶことでした。

そこで王様は、「王国では犬を一切禁ずる」という命令を出しました。しかし、王国から全ての犬が追放されても、姫の犬への恐怖症は改善しませんでした。その上、王国の子どもたちはこの命令に大いに悲しんだのでした。姫は決して城から出ようとしなかったので、ついに王様は「私の娘を城から出すことが出来たものは誰でも、王国の半分を与える」と宣言しました。

片田舎には年老いた魔法使いピーター・ラヴィーンと、その親愛なる友人マギー・クラインが暮らしていました。2人がこの状況を改善することができると申し出ると、すぐ城に迎え入れられました。ピーターとマギーは彼女がトラウマに苦しんでいることを説明し（実は4歳の時に、この姫君は犬に噛《か》まれたことがあったのです）、この本に書かれている知恵を駆使して姫を癒しました。王様は驚き、この上なく喜びしました。姫は城から少しずつ出ることができるようになり、まもなく子犬を飼いたいとおねだりをしたのです。

王国は歓喜に満ち溢れ、全ての犬は呼び戻されました。子どもたちは愛する大好きな仲間と再び遊ぶことが出来ました。そして姫は誰よりも自分の犬を可愛がりました。王様は「さて、王国の半分をあげるとしよう」と言いました。

すると2人はこういいました。「王国の半分はいりません。わたしたちの心のなかに王国はありますから。それよりも、あなたの王国の全ての大人たちに子どものトラウマをどのように防ぎ、そして癒すかを説きたいのです」。王様は驚き、「もちろん！　あなたたちの望みはすぐにかなえられる」と言ってそれを実現してくれました。

こうして王国はとても祝福された国になりました。いじめ、争い、恐れは最小限に、子どもは自発的に学び、好奇心に溢れました。戦争や性被害は次世代にも、そしてその次の世代にも根絶されました。

著者であるピーター・ラヴィーンとマギー・クラインは叡智に満ちた人々です。本書はこれまでに2人が助けてきた子どもたちからの経験を、簡単な説明、ひらめき溢れる体験型エクササイズ、豊富な例示で伝えてくれています。全ての年齢層や発達段階の子どもへ知識や共感は、子どものみでなく大人にも及びます。ピーターとマギーは子どもの痛み、喜び、そして恐れについてどのように理解し敬意を払うかを教え、そして子ども・青年・成人にもっと幸せで、自信と回復力を持って日々を送れるよう応援しています。本書は全ての保護者、教師、指導者、キャンプなどのリーダー、子どもに関わる人々の必読書です。子どもの年齢に応じてもっと的確に対処できるようになるでしょう。本書が謳っているのは先駆的な洞察であると共に、純心でシンプルな常識でもあるのです。

マイラ・ローゼンバーグ

ニューヨーク州、ブルックリン。ブルーベリートリートメントセンターの共同設立者、名誉理事。

"Children with Emerald Eyes: Stories of Extraordinary Boys and Girls" の著者。

目次——子どものトラウマ・セラピー

まえがき　3

第3章　遊び、アート、詩を使って、レジリエンスを取り戻す……67

第4章　状況にあわせた対処法――遊園地の乗り物から動物に噛まれたときまで……107

第1章 トラウマとレジリエンス

トラウマは人生につきものだ、と聞いてうれしがる人はまずいません。しかしながら、お伝えしたいもう1つの真実もあるのです。それは、わたしたちにはストレス、恐怖、無力感、圧倒から立ち直るレジリエンス（回復力、柔軟性、耐久性）もあるということです。レジリエンスとは、自然に元のサイズと形に戻るばね、スリンキー（訳注 日本ではレインボースプリング）のようなものです。もちろんあまりにも強く何度も伸ばし過ぎれば、その弾力性は失われてしまうこともありますがごく稀なことです。

たとえ挫折を経験しても、さらにレジリエンスが備わるようにわたしたちはできています。子どもに関して言えば、レジリエンスの証拠は勇気と言えるでしょう。危険な状況を無鉄砲に好むということではなく、喜びにあふれ世界を**好奇心いっぱいに**探求します。そしてその際には必然的にやんちゃになり、喧嘩もいっぱいします。

レジリエンスという回復力を備えた子は、自分の殻にこもらず、他の子にも心を開き、喜びを分かち合います。そして、同時に自分の領域や所有物の境界線を護るのが上手です。自分の感情に正直でいられて、年齢相応な表現ややりとりができます。たとえ悪いことが起きても、手助けを上手に受けて生き生きと乗り越えます。成長は潜在的にトラウマとなりうる出来事からも起こるのです。それでは、子どもにとってトラウマとはどんなことを指すのかみてみましょう。

トラウマは暴力やレイプなどの明らかに悲惨な出来事からだけでなく、「ありふれた日常」でも起こります。一般的なのは事故、落下、医療行為、両親の離婚などで、子どもは自分の殻に閉じこもり、自信を失い、不安や恐怖を感じることもあります。またトラウマを受けた子どもには、攻撃性や多動の行動が見られ、年齢が上がると様々な種類の依存症に苦しむこともあります。しかし、どんなに出来事が破壊的に見えても、わたしたち大人が技術を身につけて導けば、子どもを痛みから救い出すことができるのです。

子どもの成長過程で、わたしたち大人は、子どもを守った方がいいのか、敢えてリスクをとらせた方がいいのか迷うこともあるでしょう。これは匙加減が難しいのです。しかし子どもにいくら安全な環境を整えても、子どもは好奇心の赴くままに行動し、ケガをすることもあります。落下、やけど、感電、動物に噛まれたりして、容赦ない地球の引力である重力に遭遇します。完全に密閉状態の安全カプセルに子どもたちを閉じ込めることはできないのです。

子どもはしばしばトラウマと**なりうる**出来事に遭遇します。しかし、先に述べた「日常」のことに際して、わたしたちは、その影響を最小にすることができますし、暴力、戦争、テロ、そしてレイプなどの人災や自然災害などの場合もできることがあるのです。

大人が子どもをトラウマから守るうえで**くれぐれも覚えておいて頂きたいのは、トラウマは人生につきものだとしても、立ち直る力であるレジリエンスもわたしたちに備わっているということです。**

あなたがこれから子どものレジリエンスを最大にする技術を学ぶことによって、子どもはストレスから回復できるようになるのです。保護者のみでなく子どもを預かる大人も「レジリエンスのレシピ」を携えておくことで、子どもをトラウマから守り、同時にまたストレスへの耐性を会得させてあげられるのです。こうして子どもは真の意味で、強く、思いやりがあり、喜びにあふれ、共感することのできる人間になっていきます。

トラウマという言葉はメディアによく登場するようになりました。アメリカのオプラ・ウィンフリー（訳注 有名なテレビ司会者）の人気TV番組のなかでは多くの視聴者に向けて、いかにトラウマが身体と魂を支配するものであるか、が特集されています。そして、子どもの情緒、健康、そして行動に及ぼすトラウマの影響が注目されてきています。２００１年の9月11日以降は大惨事の際の危機介入に関する情報が共有され始めました。

しかし注目されてはいても、ありふれたトラウマの原因や予防、そして投薬を使わない方法についてはほとんど情報がありません。それどころかトラウマの様々な症状に薬物療法が用いられ続けています。「トラウマはおそらく、もっとも避けられ、無視され、見くびられ、否定され、誤解され、そして手を施されない人間の苦悩であります」[1]。幸運にも、これを読んでいるあなたや、保護者、叔父叔母、祖父母などの子どもを慈しむ方々は、破壊的なトラウマの影響を防ぎ、または少なくとも軽減できる立場にもあるのです。

子どもに最善のケアをするためには、始めにトラウマの原因が何であるかを知る必要があります。次にトラウマにまつわる神話と真実の両方を検証していきましょう。こうして実際の危険が去った後でも、何が子どもに苦痛をもたらすのかを一緒に理解していきましょう。

本書では子どもたちに痛みを伴う感覚や感情に、過度な苦しみをもたらすことなく、ただ気づきを促すことで乗り越えていく方法を紹介していきます。トラウマ特有の不随意の反応や恐怖を取り除き、苦しい感情から回復できるように多くの実例を盛り込みました。トラウマの兆候を理解し、不運な事故やストレスが高い出来事の後で、症状を和らげる簡単な技術を習得できるでしょう。これらの基本的な技術は「感情の応急処置」として使えるようにはできていますが、もちろん専門家の出番が必要な場合もあります。それを見極めるヒントも示していくことにしましょう。

5人の子どものトラウマ

まずは5人の子どものトラウマを垣間見ていきましょう。どの年齢層にも起こりえるトラウマなので、このうちの1つか2つはあなたのお子さんにも思い当たるかもしれません！　ここにある子どもたちの苦しみは、何によって起こされているのかを考えながら読んでみましょう。

リサ　家族が車に乗せてどこかに行こうと準備すると、いつもヒステリックに泣き叫ぶ。

カルロス　ひどく内気な15歳、不登校。「もうこれ以上、いつも怯えて過ごすのには耐えられないんだ。……自分はただ普通になりたい」と言う。

セーラ　小学2年生。毎朝決まってある時刻になると腹痛を訴え、そして11時までには必ず保健室に行く。しかし、慢性的なこの症状に医学的な根拠はない。

カーティス　人気のある、優しい中学生。しかし、ある日突然、母親に誰でもいいから蹴ってやりたい！　と訴え、彼自身もそれがどこから来ているのか分からない。その2週間後、攻撃性を下の弟に向けていじめるようになった。

ケビン　3歳のケビンの両親は彼がストレスにさらされると多動になり、自閉的な言動をすることをとても心配している。床に寝転び、身体をこわばらせて「助けて…助けて」と言いながら死にかけてはゆっくりと生き返っていくような動作を繰り返す。

5人の子どもたちの共通点は何でしょう？　彼らの症状はどこから来ていると思いますか？　時間が経つにつれて症状は消えていくのでしょうか、それとも悪化するのでしょうか？　これらの疑問に答えるためにも、この子たちに起こったことを見てみましょう。

まずヒステリックに泣くリサから始めましょう。彼女が3歳のとき、家族のワゴン車が追突されました。そのとき、彼女はシートベルトをしており、運転していた母親とリサには何もけがはありませんでした。事実、車は少し擦ったぐらいでささいな交通事故とみなされました。小さなリサの泣き叫びは事故とは関連性が見出されませんでした。なぜならば、衝突による感情鈍磨が消えるまで数週間を要し、事故後の主な症状は食欲減退と普段と違ったおとなしさだったからです。両親はリサの食欲が回復すると、もう大丈夫だと思いました。しかしそれ以降、リサは家族のワゴン車に近づくと怖がって泣き叫ぶようになったのです。

リサが1回の事故だったのに対して、カルロスの症状は時を経て積み重ねられたものでした。情緒障がいのある10代の義理の兄によってカルロスは5年以上もの間、身体的な虐待を受けていました。その間、両親はありふれた兄弟のライバル心ととらえて間に入ることはありませんでした。カルロスは、兄の障がいに共感を示していないと両親に責められるのを恐れて、そのことを胸の奥底にしまっていました。とうとうカルロスは母親に恐怖を訴えましたが、彼の気持ちは聞いてもらえるどころか、もっと我慢するよう説得されたのでした。

同じく家族関係に悩んでいたカルロスの姉だけが、カルロスの痛みや苦境を知っていました。実は、カルロスはプロのレスラーになることをいつも夢見ていました。しかし、高校でスポーツをすることは言うまでもなく、ベッドから起き上がり学校へ行く気力と自信さえもなくなっていました。彼が自殺をほのめかしてやっと両親は、度重なる義兄からの虐待が息子にもたらした精神的打撃の大きさに気がついたのです。

次はセーラ。彼女は2年生になるのを心待ちにし、学校に着ていく服を買いに母親とショッピングに出かけました。しかしそのあとで彼女は突然、両親が離婚することを告げられました。おまけに父親が2週間したら出て行くことも！　学校に行く楽しみはパニックと悲しみを連想させ、お腹に感じていた活力は固くよじれたしこりのようになりました。保健室の常連になったのは全く不思議なことではありません！

カーティスはどうでしょうか。ある朝、カーティスがスクールバスを待っていたとき、人が射撃されるのを目撃し、犠牲者は歩道で亡くなってしまいました。そのとき、彼は、バス停でクラスメイトと数人でいました。全員が学校に着くとすぐカウンセリングを受けましたが、カーティスは日が経つにしたがって動揺し荒れていきました。

最後はケビン。彼は緊急の帝王切開で産まれ、腸と直腸の早急な修復処置が必要だったため出生後24時間以内に救命手術を受けました。人命の救助には医療処置や手術が不可欠です。しかし無事が確認できた安堵や喜びのなかで、この医療行為による後の情緒面・行動面への影響は見落とされていました。

カーティスが目撃した射撃や、出生時のケビンの救命手術以外は日常によく起こることです。それぞれの出来事はちがいますが、共通しているのは子どもたちが圧倒されて無力感に苛まれているということです。つまり何を**どう**経験しているかなのです。ですから大人は子どもがトラウマを受けているかどうかを知るために、子どもは何らかの形で出来事がまだ起こっているかのように生活してないか、まだトラウマの瞬間に閉じ込められていないかを観察してみましょう。子どもはたぶん出来事を覚えてはいない（または、親たちも子どもの症状に関連性を見出せない）こともあるでしょう。しかし遊び、言動、身体的な症状が、未だに恐怖に対峙していることを物語っていることがあります。

ここからは、子どもの様々な年齢や発達段階に合わせて、日常・非日常の出来事への対処法と応急処置をみていきましょう。

トラウマはできごとそのものにではなく

青天の霹靂《へきれき》のような出来事が起こると、子どもは圧倒され、身体、心、精神とのつながりを失ってしまいます。これがトラウマです。こんなとき、いつもの対処メカニズムは通用せず、まるで地面からノックアウトされたような完全な無力感に襲われます。トラウマとは、恐怖や不安が続いた際の緊張状態ということでもあります。兄からいじめられていたカルロスのように、ストレスが長期に及ぶと、子どもは疲弊し、健康が損なわれたり、活力と自信が失われていきます。

トラウマはさまざまな能力を損なわせるのです。トラウマへの脆弱性は特に子どもの年齢、初期のアタッチメント、過去のトラウマ歴、そして遺伝的な要素などが関係してきます。もう少し大きい子どもや大人には問題がないようなことでも、年齢が幼なければ幼いほど、簡単に圧倒されてしまうこともあります。トラウマの症状の深刻さは出来事の深刻さとイコールではありません。起こったことはもちろん考慮しますが、決定づけにはなりません。「トラウマは出来事そのものにではなく、神経系〔への影響〕にあるのです」[2]。単回性の出来事からのトラウマは、（継続的に起きているネグレクトや虐待とは異なり）心理的というよりも、原始的な**生理的**反応なのです。

では生理的とはどういうことかというと、脅威に直面したときは考える時間などありません。ですから反応は本能的で、脳の目的は生き残りです！　トラウマ反応は脳の太古からのしくみによるもので、2億8千万年前からわたしたちに与えられている遺産なのです。脳の最も原始的で奥深い部分が危険を察知すると、すぐに驚くべき大量のエネルギーを発します。それは、母親の身体にアドレナリンが駆け巡り、閉じ込められた子どもを助けるために車さえも持ち上げてしまうエネルギーです。わたしたちが個人的に知っている女性は8歳のとき、腕がトラックのタイヤの下敷きになってしまいました。救助隊が集まっても彼女を助けることは無理でしたが、彼女の父親が加わると助かったのです。父親の子どもを守ろうとしたクマのような力が彼女を救ったのです。

わたしたちすべてが持っているこの計り知れない生存のエネルギーは、自分自身や愛するものたちを危険から守るために与えられたもので、それは心拍数の増加も含めて20種類以上の不随意反応を起こします。これらの迅速な反応は消化や皮膚の組織にめぐっていた血流を、可動化するために大きな運動筋肉へ方向転換したり、呼吸を速く浅くしたり、唾液を減少させたりもします。多くの情報を集めるために瞳孔は大きく見開き、血栓を作る能力は高まります。一方で言語能力は落ち、筋肉は高い興奮状態になるので子どもはしばしば震えを経験します。しかしながら、致命的な恐怖や長い間ストレス下におかれると、筋肉は恐怖で虚脱してしまい、身体は圧倒された状態で凍りつきます。

自分自身の反応が恐れになるとき

子どもも大人も不快なことが自分の感覚や感情に起こっているときに、好都合な反応は徹底的に怯えることです。身体の大きさ、年齢、脆弱性により動けないか、動くことでさらなる不利益を被るかのときは特にそうなります。例えば、乳児や幼児は危険や脅威から走り去ったり、避難したりする選択肢を持ちません。しかし、大きい子どもや大人でも走り去れるのに、例えば手術、レイプ、暴行されているときなどに、じっとして身動きしないことがあるでしょう。これは意識的な選択ではありません。わたしたちは場合によっては、生物学上、凍りつく、または虚脱するようにできているのです。たたかうことも逃げることもままならない、と認識されたときの最後の手段として、たとえそれが血中に入った病原菌だとしても凍りつきや虚脱が起こります。乳児や子どもは、自らを守る能力が限られているので凍りつきやすく、トラウマに関しても脆弱です。よって、大人が感情の応急処置をすることで怯えている子どもを急性のストレスから徐々に回復させ、力づけ、喜びを与えてあげることができるのです。

凍りついている間、身体は**身動きできませんが**生理的なメカニズムは逃走の準備をしており、身体にはエネルギーがフル回転しています。恐怖を感じて筋肉が行動を起こそうとしているのに突然凍りつく、すなわちショック状態に陥ったとき、皮膚は青ざめて目はうつろになります。そして呼吸は浅く速くなるか、または浅くなるのみでしょう。そして時間の感覚は歪んでしまいます。しかしこの無力ともいえる状態の根底には、とてつもない生命のエネルギーが存在しているのです。このエネルギーは、何らかの動きが起きて、完了されるのを待っています。まだ幼い子どもは行動する代わりに静止するので、危険が去っても状況を思い出すようなことがあると、再び体中を警戒信号が駆け巡り凍りつきます。子どもが不機嫌でむっつりしていたり、気分が塞いでいたり、めそめそしたり、しがみついて離れなかったり、引っ込み思案になっているときなどです。

子どもがまだエネルギーがフルに回転している状態でも、または凍りついていても、あなたがトラウマによるストレス反応を和らげて、レジリエンスを育んであげましょう。さらに小さな子どもは逃げることで自分を守るのではなく、守ってくれる大人に助けを求めます。したがって、子どものトラウマを解消するためには、子どもを守り安心感を与える大人の存在が必要です。感情の応急処置ができる大人がいると、文字通り子どもは、エネルギーを振り落とし、再び自由な呼吸を手に入れます。

大量にほとばしる生存のエネルギーは時を経るにしたがって、子どもの身体にどのような影響を及ぼすのでしょうか。トラウマがどのような結末をたどるのか、は非常に重要です。恐怖の瞬間とその後に何が起きたかにもよりますが、トラウマにならないようにするためには、わたしたちを守るために放出された大量のエネルギーは使われなくてはならないのです。エネルギーが放出されないとき、それはどこかに消えてゆくのではなく「身体の記憶」として残り、トラウマの症状として繰り返し現れます。

子どもが小さければ小さいほど、自分を守る資源は少ないのです。例えば、就学前後の子どもは凶暴な犬とたたかったり逃げたりはできませんし、乳児は自分を温かく保つことさえもできません。よって、子どもの安全、温かさ、気持ちの安らぎ、そしてその境界を尊重することを大切にし、ていねいに接する大人の存在がトラウマ予防には欠かせません。さらに、大人は、ぬいぐるみ、人形、天使、お友達の代わりとしての空想上のキャラクターを子どもに与えて、子どもをなだめ、安心させることができるでしょう。これらは、子どもが一時的に親と離れなくてはならない場合や、夜一人で寝なくてはならないときの添い寝の友となり役立ちます。

子ども時代に恐怖に陥っても、安心とつながりによって救われた経験のある大人には、これは「当たり前のこと」でしょう。しかし歴史的にみると子どもの欲求というのは見逃され、残念ながら重要視されてはきませんでした。発達に関して専門に扱う精神科医で、名著「発達する脳（*The Developing Mind*）」の著者ダニエル・シーゲルは、乳児や子どもにとって大人から提供される安心とあたたかい包容がどれほど大切かを、神経生物学の視点から強調しています。発達初期では、脳は知能や感情の回復力、自己調整力（神経がバランス保つ力）を、神経を形成したり、刈り込んだりすることで発達させていっているのです。そしてこれらの脳の発達は、子どもと保護者との顔と顔を向かい合わせた2者間のやりとりで促進されます。トラウマ的な出来事が起こると、子どもの神経系の刷り込み力は劇的に高まります。それゆえに大人が感情の応急処置を施せれば、子どもの脳の健康な発達に重要な役割を担うことができるのです。

トラウマへの道

トラウマの症状には、たたかう―逃げるに使われるはずだった生き残りのためのエネルギーと凍りつきの度合いとが関係しています。子どもは、一貫した忍耐強い助けのもと、体内に閉じ込められている活性化したエネルギーを解放し、健康で柔軟な機能を取り戻さなくてはなりません。赤ちゃんや歩き始めの幼児は大変なことがあっても、「まだ小さいので、ストレスを感じない」とか「どうせ覚えていないから問題ない」という根拠のない神話には終止符が打たれるべきです。神経系、筋肉、そして知覚組織が未発達な胎児期、新生児期、乳幼児期は最もストレスを受けやすく、トラウマのリスクが高いことがこれまでになく明らかになってきました。また、この脆弱さは整形外科的な治療で、副木、支持器、金属でできた補助具を永久にまたは一時的に使用している運動機能に不自由を持つ少し大きな子どもにもあてはまりますし、脳性マヒや先天的な身体障がいや発達の遅れや課題がある子どもたちにもあてはまります。

なぜ身体は覚えているのか――脳研究が教えてくれること

それではなぜ恐怖が去った後でも、恐怖からは解放されずに半永久的に不安や鮮烈な記憶のなかに取り残されることがあるのでしょうか。

神経学者として有名なアントニオ・ダマシオは、生き残りのために感情にはそれぞれ脳に決まった部位があることを発見しました。[3] つまり、恐怖の感情を例にあげると、わたしたちが恐怖の体験をすると、様々な身体の部分に特有の身体感覚として現れるべく脳に特定された神経伝達の経路ができるのです。そして何かを見たり、聞いたり、嗅いだり、味わったりすることが恐怖ならば、以前経験した危険と似たような身体感覚が起こります。似たような体験だけで、以前の恐怖と無力感が再び湧き上がるのは、恐怖の体験に重要な役割があるからです。それは差し迫った危険から「逃げるか、凍りつくか」を決めてわたしたちの生存を守るということです。こうして似たような感覚だけで無意識に恐怖感が起こり、心拍数が急速に上昇したり下降したり、発汗、そして怒りがこみ上がって、もとの恐怖体験を今も経験しているかのようになるのです。しかし大人の目に写るのは、子どもの理解不能な行動や感情だけなのです。

レジリエンスへの道

繰り返しますが、子どもが動揺したままでいるか、それとも立ち直ることができるかは脅威にさらされている間、またはその後で何が起きたかにかかっています。トラウマを防ぐには、子どもが自分を防衛しようとして失敗に終わって残存しているエネルギーに働きかけて、それを「**使い果たす**」**ことをしなくてはなりません**。非常事態のエネルギーが完全に使われて解放されなければならないのは、単純にどこかになくなってはいかないからです。そのかわりに次のヘンリーに見られるようなあらゆる種類の不都合な症状を作り出します。またヘンリーのある特定の食べ物や物音への嫌悪と回避は、彼が両親の助けを受けて不安のエネルギーを使い果たすと消え、喜びがもたらされました。後述するヘンリーの両親が使ったスキルは、あなたの子どもが試練にあって、不安になったり、ストレスを受けたり、明らかに怖がっているときに役立つものです。

ヘンリー

4歳のヘンリーの母親は、彼が以前は好物だったピーナッツバターとジャムを塗ったサンドイッチ（訳注　アメリカでよく食べられる軽食）と牛乳を拒否するようになったことが心配になりました。母親がヘンリーにこれらをあげると、彼は怒り出しこわばって、そして払い除けようとするのです。もっと心配なのは、家族で飼っている犬が吠えると、ヘンリーはいつも震えて泣き出しました。母親はこの食べ物の好みの変化と犬の鳴き声への怯えは、約1年前のヘンリーがまだ子ども用の高い椅子に座っていたころの「日常の出来事」と直接関係があるとは思ってもいませんでした。

子ども用の高い椅子に座り、彼の好物のサンドイッチと牛乳を喜んで食べているとき、彼は半分になった牛乳のグラスを母親に向けて誇らしげにおかわりをおねだりました。しかし、グラスはヘンリーの手から地面に落ちて割れてしまいました。これにびっくりした犬が高椅子に飛びかかり椅子が倒れたので、ヘンリーは頭を床に打ち、息がつかえてできなくなりました。母親は驚いて叫び、犬はさらに大きな鳴き声で吠えました。母親には、ヘンリーの好物だった食べ物への嫌悪と犬への明らかな怯えは関連のないものにみえました。しかしトラウマの観点からみると、落下の前の牛乳と好物、それに続く犬の吠える声は、パブロフの条件づけにあるように、ヘンリーのなかで恐怖と好物の食べ物への回避という反応を形成したのでした。

（後に詳しくやり方を説明しますが）ヘンリーはいったん安全にクッションに転落することを「練習する」と、以前はこわばらせていた筋肉を徐々に重力に従ってリラックスできるようになりました。それまで彼は犬が近所で鳴くと前述した食べ物を食べず、夜眠れない日々を送っていました。喜ばしいことに、何回かの遊びを使ったセッションの後は、この少年は自分の好物を再び楽しみ、茶目っ気たっぷりに犬に吠え返すようになったのです。ヘンリーは、安全な「転げ落ち練習」によって、転落から身を守るための蓄積されたエネルギーを使い果たすことができました。両親からの助けと安心感によって、彼がバランスへの統制を取り戻したとき、ヘンリーの恐怖は喜びへと変容しました。

第2章

感覚への気づきによってレジリエンスを高める
——ひたすら練習を繰り返して！

子どもが圧倒されるような経験をしても回復できるレジリエンスを身につけるようになるためには、まずはあなたがいくつかの技術を習得することから始めます。本章では、あなたと子どもが身体感覚という「豊かな景色」を発見できる様々なエクササイズを紹介します。大人も子どもも楽しみながら、この**新しい**地形に**新しい**言葉を見出せるようお手伝いをしていきます。そもそも感覚を表現する言葉は、脳の奥深くの部分「身体—脳（body-brain）」と言われる部分から発せられます。自然に起こる内側の信号や刺激を察知できるようになってくると意識と無意識の亀裂が少なくなります。そのためには**体験的な**感覚を磨き、圧倒されている子どもを助けるのみでなく、あなたが取り乱さないで対処できるようになりましょう。ここでは、子どもが欲している助けをどのように提供し、その独自のリズムにどのように従っていくかを、見たり、聴いたり、波長を合わせたりを練習しながら観察力を高めていきます。

圧倒されている子どもを適切にサポートにする

トラウマを防ぐ、または最小限に留めてストレスを軽減するためには、子どもが災難に遭ったときに大人が圧倒されてしまわないことが重要です。これはいつでも容易なわけではありません！　しかし、子どもは生まれつき脆い存在であると**同時に**回復力も備えており、適切なサポートがあればストレスを感じる出来事から立ち直ることができます。事実、ショックや喪失を克服することで、子どもはもっと強く、回復力と活力がある存在になるのです。癒しの力というのは**もともと備わっている**ものなので、大人ができるのは子どもがこの潜在的な力を使えるように手助けをすることだけです。いうなれば、バンドエイドやあて木のようなもので、これらは傷そのものを治すわけではないのですが身体の自然な回復を助けます。本書に出てくる提案、エクササイズ、そして段階的ガイドは、あなたがよきバンドエイドになれるように作られています。

何よりも大人が落ち着いていること、これはどんなに強調しても足りません。子どもがケガをしたり怯えていると、大人もショックで怖くなってしまうのは当然です。しかし、あなたの恐怖心や子どもを守ろうとする本能は、恐れと怒りとなって表出し、子どもをさらに恐怖に陥れてしまう可能性があるのです。子どもが既に感じている恐れ、恥、当惑、罪悪感をさらに悪化させずに軽減させるために、**まず始めに**自分の反応を知り、実際に子どもが危険にいる場合以外は、叱ったり不安そうに子どもに走り寄ったりせず、自分が落ち着く時間をとりましょう。カウンセリングで大人のクライアントと接していると、しばしば、子どもの頃体験した最も恐ろしかったことは、親の怯えた反応であったということが明らかになります！　子どもは大人の顔を読んで、危機やケガがどれだけ深刻なのかを判断するのです。

レジリエンスを育むための簡単なステップ

大人が落ち着いた存在でいるためには練習あるのみです。ここで紹介する体験型エクササイズは、大変なときも自然にバランス感覚を取り戻し、平安を感じさせてくれます。身体がいったん上昇したもの（活性化／興奮／恐れ）が落ち着きへと戻る（解放／リラックス／安心）ことが**分かる**と、さらに回復力を備えた神経系になり人生の浮き沈みに耐えられるようになっていきます。それは、高く伸びた竹やしなやかな柳のように、ときには地面につきそうなほど曲がることもあるのですが、モンスーンのときも折れません！　そして一度身体がその状態を「覚える」と、いい意味で伝搬を起こします。あなたのしぐさ、表情、声のトーンで、自分の神経系と子どもの神経系とが直接コミュニケーションをとれるようになります。これが、**真の意味で**子どもとつながる方法なのです！　子どもに安心や信頼感を与えるのは言葉ではなく、こういった非言語の合図なのです。子どもの感覚、リズム、感情に合わせる前に、まずは、あなたのなかで何が起こっているのかに気づき、落ち着くことが優先であり、その落ち着きが子どものものとなるのです。

自分のなかで何が起こっているかを知る第一歩は、快－不快の両方の感覚を感じ、少しずつどちらにも耐えられるようになることです。これがレジリエンスを育む上で不可欠なのです。わたしたちが自分の存在というものを実感するのは呼吸や内臓の感覚を体験するときです。そうすることで子どもにも自分であるという感覚にアクセスすることを手伝うことができます。

はじめは身体感覚に意識を向けるのは難しいと感じるでしょう。しかし、回を重ねるごとに、少しずつ簡単になっていきます。大切なのは、感覚が間違いなく変化するので、その時点まで、不快な感覚に耐えることができるようになることです。同時に、喜びや楽しさの感覚が増してくることを感じることも重要です。練習をするうちに、身体がもっと様々な感覚や感情を保持する（そして包み込む）ことができるようになります。大人が自分の気持ちや感覚に慣れてくると、自然と子どもにも感情を身体感覚で感じることの素晴らしさが伝わります。

落ち着いた存在でいられるように

緊急時にバランスと中心を感じることが難しくても絶望することはありません。個人の問題や未解決のトラウマはもちろんあって当然ですし、ストレスの多い現代人の仕事と家庭を振り返ってみれば、大人として落ち着いて回復力を備えていることは容易なことではありません。たとえば、よちよち歩きの幼児が階段やガラスに突っ込んでいくのを始めて目撃するような時、落ち着いているなんてできるでしょうか？　子育て全般においてあなたが回復力を持ち、うまく子どもと接するようになるためには、自分が危険やストレスにさらされているときに本能的にどんな反応をするのかを知ることは役立ちます。恐怖や過度のストレス下で、あなたの（そして子どもの）「身体脳」には何が起こっているのでしょうか？

身体と脳のつながり

人間の脳は、3層の構造（三位一体脳）でできています。これは、簡単にいうと、3つの部分が相互に作用して働くということです。大脳新皮質つまり、もっとも新しい脳の部分は、問題解決、計画、知覚、そして社会的機能などを司っています（「思考脳」）。その内側の哺乳類脳（中脳）または大脳辺縁系は、記憶や気持ちを処理するため「感情脳」と呼ばれています。[1] もっと下部の爬虫類脳は心拍数や呼吸などの生存に関わるコントロールを行っているのです。また、感覚運動神経系を使って、危機に瀕して素早く対処する役割も担っています。この原始的な脳の部分こそが身体と脳のつながりをつくっているのです。

3層構造の脳のそれぞれの部分が固有のはたらきをしており、特有の「言語」を各部分が持っています。新しい外側の思考脳は言葉を使い、その内側の感情脳は怒り、悲しみ、喜び、嫌悪、そして恐れといった感情を使います。小さい子どもは、怒り、悲しみ、喜び、恐れ、うんざり、または大嫌いなどの感情がすぐ分かります。比較的新しい思考や感情の脳とはちがい、原始的な爬虫類脳は、なじみの薄い、しかしとても重要な**感覚という**言語を使います。

感覚は多くの人にとって、外国語のようなものです。あなたが気づいていてもそうでなくても感覚の世界はあり、感覚をもとにした感情が存在しているのです。幸いにもこれは少しの練習で身に着けられる言語で、いうなれば外国を旅するときに必要な最低限のフレーズを覚えていくようなものです。「耐え難い苦痛やストレスからの回復」の旅には感覚を使うことが必要不可欠です。子どもを助けるには、まずあなたが内側の景観を知らなくてはなりません。そのために必要なのは自分の身体がどう感じているかに注意を向けるゆっくりとした時間です。感覚は、皮膚の圧迫感または体温の変化から、振動、緊張からくる怖気、筋肉のこわばり、拡張や収縮の感じ、身震い、またはちくちくした痛み、そして暑さなど多様です。これらは下部の脳の言語で、危機や予期せぬ変化の際、わたしたちのために働いてくれるのです。慣れ親しんでいる思考、感情とはとても異なり、始めは気づかないほどわずかなものです。

わたしたちの生存とホメオスタシス（生理学的な恒常性）を司るのは爬虫類脳です。その深い本能的な部分と親しんでおくのは大人としてとても賢明です。コンピュータ、機材、費用はいらず、要るのは時間、集中そして意志です。静かで、集中した時間を持つことで、感覚という特別な言語を習得することができるのです。これからご紹介するエクササイズは、その言語に親しむヒントを与えてくれることでしょう。覚えておいていただきたいのは、爬虫類脳は言葉を持っているわけではないので、これを読むだけでは習得はできません。感覚は体験され**なくてはならないのです**！　逆説的ではありますが、わたしたちはもっと動物のように本能的になることで、もっと人間になるのです。

自分自身の感覚に親しむ

子どもがあまりにも幼なすぎたり、怯えていたりすると、感じていることを言葉にできません。しかし子どもも大人と同じで、ショックによる混乱が**どんな感じか**は分かっています。そう、みぞおちのあたりに感じる強い恐怖感、動悸、胸の圧迫感、喉に感じる違和感などの感覚です。大惨事の後のニュースを見ると、事故を目撃した人たちが「言葉にならない」や「寒気が走る」や「あまりに突然のことだった」「何も感じない」「心臓は高鳴ったが、身動き1つできなかった」「足が鉛のように動かなかった」などと語るのを聞いたことがあるでしょう。

突然何かが起こったときの反応を振り返ってみましょう。そのとき感じた感覚を少し思い出せるでしょうか？　心臓はどきどきしましたか？　めまいを感じましたか？　喉や胃に絞めつけられ感がありましたか？　そして危険が去った後、感覚は徐々に変わっていったでしょうか？　おそらく呼吸が少し楽になり、筋肉がリラックスしていくにつれ、じんじんした感じがしたり、震えを感じたかもしれません。

エクササイズ――感覚に気づく

気づきを深めるために、簡単な実験から始めましょう。心地よく座れる所を見つけて身体を感じる時間を持ちましょう。まず呼吸に意識を向けると、心地よいですか、それとも不快ですか？　身体のどこで心地よいかを判断していますか？　何か気づくことはありますか？　自分の心臓の鼓動はどんな感じですか？　呼吸に意識がいきますか？　たぶん、筋肉の緊張、リラックス、または皮膚の温度に注意が向くかもしれませんし、「じわじわ」するような感覚があるかもしれません。もしよかったら、感覚を感じる次の簡単なエクササイズをやって見ましょう。

（想像しながら）

さわやかな夏の日に子どもとドライブして海へ向かいます。お気に入りの曲を家族でいっしょに口ずさんでいます。今日はお休みなので急いだりせず、浜辺でのんびりできます。子どもたちは泳ぎのレッスンを受けるので、あなたは好きなことができ、丸1時間は自由なはずです。次の場面にいく前に今何を感じているか、腹部や手足、呼吸、筋肉、皮膚など身体の様々な部分の感覚に気づいてみましょう。そしてビーチでの自由な時間を想像して、どんな思考が浮かんでくるか、もしイメージがあれば、それを感じてみましょう。

〔ここで1～2分間、身体の感覚を感じる時間を取りましょう。準備ができたら次のところへ進みます。〕

突然、どこからともなく暴走する車があなたの前に現れ、もう少しで衝突しそうになりました。運転していた人の態度は無礼そのもので、**あなたに**何か落ち度があったかのように子どもの前で汚い言葉を浴びせました。ここで、あなたの身体と心に何が起こっていますか？　先に味わった感じとどうちがうか比べてみてください。変化に注意し、何がちがっているか、どこがちがっているか気づいてみましょう。あなたは暖かいですか、暑いですか、それとも寒気がしていますか？　どこかに緊張や締めつけられ感がありますか？　心臓の鼓動と呼吸に何か変化が起きていますか？　何かしたいこと、言いたいことがありますか、もしくは、ただ呆然としていますか？

ここには正解や不正解はありません。それぞれに自分なりの経験があるだけです。恐怖で、自分の肩、腕、手が素早くハンドルを切るために硬くなったかもしれません。または、わけが分からなくなって麻痺したかもしれません。そして、ののしられたのを想像して苛立ったかもしれません。苛立ちをどこで、どのように感じますか？　たぶん上半身が闘いに挑むように準備して堅くなってくるのを感じたのではないでしょうか？　または、ののしり返すための言葉が声帯に上がってくるのを感じても、言葉が出てこなかったかもしれません。今このとき、自分の反応と感覚に気づくとき、あなたは**生き残るための根本である本能**を経験しているのです。

今度は、過剰な活性化（感情によって湧き上がる興奮）を落ち着かせる時間を少し取りましょう。白い雪が舞う冬景色のスノードームで喩えると、すべての雪が降り注ぎ、積もるまでには少し時間がかかります。スノードームと同じで、あなたが落ち着くためにもう一度ガラスの容器を振ったりはしないでしょう。それよりも、雪景色のような静かなときを持つことが大切なのです。部屋のなかを眺め、自分が安全であること、そしてこれは単なるエクササイズに過ぎないことを思い出してください。落ち着きを取り戻しながら、地面を感じるように両足の裏をしっかり床につけてみましょう。次に部屋のなかで何かあなたを和ませてくれるものを探してみましょう。それは花かもしれませんし、部屋の色調、窓の外の木や空、写真、お気に入りの持ち物かもしれません。そして、**今このとき**、自分の身体がどのように感じているかに気づいてみましょう。

この簡単なエクササイズは、感覚がそれほど馴染みのないものではないことを示すために作られました。夕食の後、心地よい満腹を感じたり、温かいココアをすすってぬくもりを感じるのは簡単でしょう。しかし、感覚について話そうとするとき、わたしたちは嬉しい、怒りっぽい、むかついた、興奮した、悲しい、などの気分や感情を話しがちなのです。感覚に気づくということを最初は奇妙に思うかもしれませんが、自分の身体の「気分」を知ることで、わたしたちは、もっと直観的で本能的になり、自信が出てきます。実は、しあわせの感覚というのは身体に自己調整力というバランスを保つ力が存在する状態なのです。これがあれば、内側で自然に起こってくることに寛大でいられます。自己調整力は移り変わる感覚に気づくこと、不快な感覚が続き苦痛を起こすとき、どうしたらよいかを知ることで高めていくことができるのです。

子どもと一緒に新しい語彙を積み上げていく

新しい言語を習得していくときは、語彙を増やしていきます。それと同じくレジリエンスの語彙は感覚なので、「感覚の語彙」を増やしていくことが回復力を高めることになります。次のリストから始めてみてください。**内側の**世界の新しい感覚を感じ、名付けて、子どもと楽しみながら快－中立－不快の感覚をバランスよく取り入れ、語彙を増やしていきましょう。

感覚の語彙

・つめたい／あたたかい／あつい／ひんやりした
・心配した／怖気づいた
・鋭い／鈍い／かゆい

・震える／慄《おのの》いている／ちくちくする
・かたい／やわらかい／動けない
・不安な／よそよそしい／弱い
・リラックスしている／落ち着いている／平和である
・空っぽだ／満ちている／乾いている／湿っている
・流れるような／広がっていく
・強い／きつい／張り詰めた
・めまいがする／あいまいな／ぼやけた
・まひした／とげだらけの／びくびくする
・恐れ多い／涙があふれる／鳥肌がたつ
・軽い／重い／開けている
・くすぐったい／涼しい／つやつやしている
・じっとりした／ねばねばする／ゆるんだ

補足 感覚とは感情ではなく、身体がどのように感じているかを表すものです。怯えていて言葉が出てこない子どもには、身体のどこが震えているかは、麻痺しているか、またはどこが怖いと感じているかを指差してもらいましょう。

心地よい――不快の感覚、感情、イメージを行き来してみる

ソマティック・エクスペリエンシング™療法（ピーター・ラヴィーン博士がトラウマを予防し、癒すために開発したメソッド、以後、SE™療法と表記）では「振り子（ペンジュレーション）」という言葉で、わたしたちの自然な収縮と拡張のリズムに言及しています。このリズムに慣れることで、どんなに収縮の際に不快を感じていても、いずれ必ず、拡張が訪れることが分かっているので安心できます。自分自身の身体のリズムにしたがい「追跡していく」方法のひとつは、呼吸時の肺や腹部への空気の出入りとその流れに気づきを向けることです。どこか堅いところがあるのか、空気は鼻腔、喉、胸、腹をスムーズに流れているのか。吸ったり吐いたりは均一か、それとも片方が他方よりも長いのか。吸ったり吐いたりの前に休止はあるのか。その休止はどのように感じるのか。呼吸すると筋肉は緊張するのか、それともリラックスするのかなどを意識してみましょう。

呼吸による拡張や収縮だけでなく振り子のリズムは身体の至るところに及んでいます。わたしたちの内側の状態は、不快な感覚・感情・イメージから心地よいものに行ったり来たりして、一瞬一瞬が新しいのです。不快な感覚が容易に去っていかなかったら、それはストレスやトラウマと関係しています。絶望のなかで凍りついたりすると、自然の振り子の能力が減少します。今一度そのリズムを取り戻すには少しの助けが必要になってきます。回復力が衰えたときには、徐々に再生されなくてはならないのです。気分、活力、健康を調整するメカニズムは、このリズムをもとに成り立っているのです。リズムが

復活すると少しずつ快－不快の両方にバランスよく耐えられるようになってきます。たとえある特殊の感覚に困難があっても、変化は必ず起こることを知っているので無力感と絶望に閉じ込められたままにはなりません。こうして子どもの自然のリズムを手助けし、自信を与えることができるのです。

エクササイズ――感覚を感じ、振り子のリズムを探求する

〔もし可能であるならば、次の箇所を誰かほかの人にゆっくりたくさんの間を入れながら読んでもらいましょう。そうすることで、もっと気づきを洗練させるいい機会になると思います。録音して一人で聞いてもいいですし、誰かと一緒に聞いてみてもいいでしょう。どちらにしろ、感覚への気づきと自然な振り子のリズムを深く知るために好奇心を持ってやってみてください。〕

椅子に心地よく座り、身体のどの部分が椅子に触れているか、背中とお尻が椅子のサポートをどのように受けているかを感じてみましょう。椅子に落ち着くまで充分な時間を取って自分の呼吸に気づき、感じていることに意識を向けてみて下さい。これからのストーリーをゆっくり聴きながら、浮かび上がってくる感覚、感情、思考、イメージに気づいてみてください。あるものは微細で、またあるものは明確かもしれません。もっと注意を向ける時間を取れば、もっと気づきが膨らんでいくでしょう。しかし同時にやりすぎないようにしてください。多くても10分～15分を越えな

いことが目安です。

さて、今日があなたの誕生日であることを想像してみましょう。今日はあなたにとって特別な日ですが孤独を感じています。一人でいたくないので映画を見に行くことにしました。準備が整いお財布を持っていこうとすると見つからず、嫌な感じが襲って来ました。身体と心に浮かんできた感覚、感情、思考に意識を向けてみましょう。

嫌な感じがあったなら、それはどんな感じですか？　身体のどこでそれを感じますか？　一般的に感覚を感じるのは、お腹、胸、喉、首や手脚の筋肉です。堅くなったり、弱くなったり、吐き気を感じたりしますか？　手に温度の変化を感じますか？　汗ばんだり、暑くなったり、寒くなったりを感じますか？　不安定さやふらつきを感じる所はありますか？　その感覚に注目することで、それがどのように変化するかに気づいてみましょう。その度合いは強まりましたか、弱まりましたか、堅さは緩みましたか、それとも何かほかのものに変化しましたか？　それは広がりましたか、それとも同じ場所にありますか？

少し落ち着くと、今度は「たぶん、ほかの部屋に財布を置いたのかも」という考えがわきました。そこへ行って探す姿を想像してみてください。しかし置き忘れたと思われる所を探しましたが、見つからず少し焦ります。身体の感覚、感情、思考に気づいてください。

冷静になると思考も少し明確になってきます。引き出しの中かもしれない？　自分が帰ってきたときに、そっちのテーブルに置いて…トイレにも行って…（あなたは考えます）…トイレに忘れたりするかしら？　それか、スーパーかも？（ここでまた感覚に気づきを向けましょう）。しかし、探していると、電話のベルで中断されます。電話は友人からで、彼女の家にあなたが財布を忘れていったことを教えてくれました。あなたは大きな安心のため息をつきました。さぁ、この安心を感じてみましょう。そして自分の先ほどの慌てたことを思い出し、どのように今、顔がゆるんでいるかなどに気づいてみましょう。

〔ストーリーを続ける前にたくさんの時間をかけて、感覚がどうなっているかを観察し、気づいてみましょう。〕

あなたの友達は、もうすぐ出かけるけれども今すぐ来てくれるのなら待っていると言いました。足早に彼女の家へ向かいます。脚は速く力強く歩きます。ここで脚の強さを感じてみましょう。そして彼女の家に着き、ドアをノックしました。しかし返事がありません。もう一度ノックしても同じでした。入れ違いになったと思い少しイライラを感じます。イライラを身体のどこでどんな風に感じますか。時間をかけて、前にやったのと同じように様々な感覚を感じてみてください。

家の裏手から、友人が小声で家の中に招き入れる声がしました。ドアを開けると本当に暗く、ゆっくり廊下を進んでたどり着こうと手探りします。そのときの身体の感覚はどうでしょうか。あなたは友人の名を今一度呼びました。そのとき「サプライズ！」という大きな声の嵐にあなたの声はかき消されました。

あなたのためにサプライズで誕生会が企画されていた、と知って、**今このとき**身体にどんな感じがしますか?!　もう一度、感覚、感情、思考に気づく時間を持ちましょう。

このエクササイズは、失望、期待、安心、葛藤、そして驚きなどの感覚を感じてもらうために作られたものです。その多様さに気づき、快－不快の感覚をスムーズに行き来できたら、振り子という意味がどういうことか分かったかと思います。

このストーリーにはたくさんの驚きがあります。驚きは神経系を覚醒させるのです。よい驚きは心地よさを身体に与え、恐れの驚きは苦痛の感覚が伴い「大丈夫」と思えなくなって無力感に襲われるでしょう。意識的に感覚を感じると、ある状態からほかのものへ流動的に移り変わることが分かります。覚えておいてほしいのは、どんな不快なものでもそれで終わるということは決してありません。わたしたちの回復力と気づきが高まると、身動きがとれない状態から動き出せるのでトラウマの支配から自由になるのです。

自分の中にこの流動性を感じられるのが理想であり、そうすれば子どもにも感覚を感じる手伝いができます。もし、練習しているときに不快で苦しい感覚、感情、思考、そしてイメージに閉じ込められ、凍りついたようになったら、周りを見回し、立ち上がって、動いて、気分を楽しくさせるような物、動き、思考、人物、ペット、自然に気づきを向けてみましょう。どのように気分がよくなっていき、その感覚は身体のどこに位置しているかを感じてみましょう。そして、前に難しく感じたところに少しだけ戻って、**今**どんな感じがするかに気づいてみましょう！

エクササイズ——相手と一緒に感覚を追跡する

内側の感覚に集中するときは、しばしばただ相手がいるだけでやりやすくなります。一緒にやってもよいと思える人を選んで向かい合って座りましょう。次のエクササイズの目的は誰かと一緒に感覚を追跡することです。あなたが今、この時に意識を向け、同時に一瞬、一瞬でどのように感覚が変わっていくかに気づくのが「追跡する」ということです。

それでは今日か昨日のことを振り返って、自分自身、気分よく感じたこと、少しだけうろたえたことを思い出してみましょう。もし、何も思い出せないとしたら、このエクササイズを始めようとしてどんな感じがしているかに気づいてみましょう。イメージ、思考、感情がやってきて去っていったならメモをしておき、それがあなたの感覚の移り変わりにどんな影響があったかを振り返ってみましょう。パートナーは、あなたと一緒に追跡をしていき感覚の詳細を気づかせてくれるでしょう。時折〝そのように感じると……次に何が起こりますか？〟などとあなたのペースに合わせて質問をしてもらいます。10～15分間したら終わりにして大丈夫なところで止めます。その後交替し、今度はあなたが静かに、安心を醸し出しながら相手の感覚を観察する番です。「どこでそれを感じますか、……ほかに何に気づきますか？」などの質問で、相手が気づきを深めていくのを助けましょう。そして後でお互い何を発見したかを話し合いましょう。

提案 始める前に次の「感覚の言語のアイディア集」を相手と一読してみてください。これは計画したり、分析したり、判断したりする思考脳よりも、本能の脳の部分を目覚めさせる質問を集めたものです。したがって、「なぜ？」という類の質問はありません。

「感覚の言語のアイディア集」

回答形式の質問よりも、感じることを促す自由形式の質問のほうが身体脳はよく反応します。自由形式の質問は好奇心をそそり、例えば「身体のなかで何に今、気づきますか？」には無限の答えのバリエーションがあります。「緊張を感じますか？」のように考えることを促し、「はい」や「いいえ」で答えられる質問とは異なるのです。

次に集めたのは自由形式の質問です。これらの質問は場面によって、集中を促し、行き詰まらないようにするためにうまく使っていきたいものです。一度にたくさんの質問はせず、静かな時間を充分にとりましょう。たくさんの時間というのは感覚に気づく上での鍵となります。「静かな待ち時間」にこそ身体はわたしたちに語りかけます。

自由形式の

・身体で今、何に気づきますか？
・身体のどこでそれを感じますか？
・今何が起こっていますか？
・その感覚に注目すると、次に何が起こりますか？
・それはどのように変化しましたか？

招くような

・ほかに何か気づくことはありますか？
・身体がどのように動きたいか、すこし探ってみるのはいかがでしょうか？
・次に何が起こるか、感覚に意識を向けてみるとどうなるでしょうか？

意識を集中しての細部を探っていくような

・その感覚はどんな性質がありますか？
・大きさはどれくらいですか、形、色、重さはどうですか？
・広がっていく感じですか？　動いていく方向に気づきを向けてみましょう。
・（圧迫、痛み、あたたかみなどが）内側から外側に動きますか、それともその反対ですか？
・中心に気づきますか？　その端はありますか？（その感覚はどこから始まりどこで終わっていますか？）

感覚の気づきを広げるような

・その感覚を感じるとき、身体のほかの部分には何が起こっていますか？
・（身体のある部分で）その感覚を感じるとき、あなたにどのような影響がありますか？

時間の流れに沿った

・（たとえ〝行き詰まり〟を感じていたとしても）次に何が起こっていますか？

・その感覚を追っていくと、それはどこにいきますか？　どのように変化しますか？
・どこにそれは動きますか（またはどこに動きたいのでしょうか）？

感覚を味わい深めるような

・好きなだけその感覚（あたたかみ、拡がり、じわじわなど）を楽しんでみてはいかがでしょう。

エクササイズ――感覚の宝箱をつくる

感覚への気づきは子どもの発達にとても重要な役割を果たします。それは知能や自己感覚を伸ばすだけでなく家族にも楽しみを与えてくれるからです！　次に示す２つの簡単な遊びは、子どもに触れること、味わうこと、においを嗅ぐことを試みる機会を与えてくれます。また視覚を使うものや音で独自の遊びを作ってもいいでしょう。さぁ、テレビやオンラインゲームを消して始めましょう。必要なのは終わった後に記録をとるための鉛筆と紙だけです。

アクティビティ 1

1. いろいろなものを隠すための箱、缶、袋、どれでもいいので空のものを用意してください。
2. 明らかに異なる様々な質感のものを選んでください。羽、少しの紙やすり、形・大きさ・手触りの違ういくつかの石、コットンのボール、ねばねばするもの、鉄、シルクの生地、鉄綿、などを1の中に隠します。
3. 子どもに目を閉じさせて（または目隠しなどを使って）、何か1つ箱から取ってもらい、その感触から何かを当ててもらいます（お誕生日会などのゲームとしてやっても楽しいです）。
4. すべてのものが何か分ったら、もう一度それらに触れてもらい肌にどのような感触があるかを言ってもらいます（くすぐったい、とげとげしている、つめたい、重いなど）。
5. 次に、子どもに石を握ってもらい、その重さのちがいを感じるよう指示します。とても軽い、軽い、少し重い、重い、そしてとても重いといったように筋肉が重さをどのように感じるかを比べてもらいましょう。
6. 子どもが何かねばねばしたものに触っているとき、やわらかいものなどを触ったときと比べて、身体がどのようにそのちがいを感じるかを聞いてみましょう。それは腕かな、お腹かな、皮膚の表面かな、それとも喉かな？　といったように質問し、指し示してもらいます。
7. 今度は子どもがあなたに質問します。感覚を比べたり、反対のものをみつけたりを交替しながらやっていきます。

8. 子どもが発見した感覚をリストにしましょう。

アクティビティ 2

1. 先にやったゲームを今度は箱ではなく〝試食トレイ〟を使ってやってみましょう。小さい容器に様々な味や感触の食べものを1つ1つ入れていきます。例えば、甘いもの、しょっぱいもの、苦いもの、辛いもの、すっぱいもの、ぱりぱりしたものなどです。

2. 子どもは目隠しして食べものを言い当てていきます。次の食べものの前にクラッカーをあげてもよいでしょう。

3. 試食するごとに、食感はどんな感触か（クリームみたい、硬い、つるつるしている、ねばねばしていて甘い）、そして味や匂いはどうかを聞いてみましょう。

4. 次に、それぞれ舌にはどのような感触（ひりひりする、ちくちくする、冷たい、滑るような、乾いている、リラックスした、ねじれた、マヒした、熱い、など）があったかを聞いてみましょう。

5. アクティビティ1の手順6と7でやったことをここでは繰り返し、手触りでなく味や匂いからの感覚を比べてもらいましょう。

6. 子どもが発見した感覚をリストにしましょう。

家族でこういった遊びをやって、感覚に親しんでおくことは後に大きな力となります。不測の事態が起こる**前に**あなたが様々な状況での自分の感覚を知り、子どもにも気づきを促してみましょう。家族が一緒になって感覚のボキャブラリーを増やしていくことは難しいことではありません。しかし、一瞬一瞬の気づきに敏感になるには練習が必要です。特にうろたえた時などは忍耐を強いられます。身体の内部への気づきが深まってくると、いかなる状況下にあっても子どもに手を差し伸べる準備ができます！

そしてあなたの人生においても、予期せぬショックや苦難に上手く対処できるようになるのです。覚えておいていただきたいのは、（あなた自身が）幸せな子ども時代を過ごすのに、決して遅いことなどないのです…たとえあなたの年齢がいくつだとしても。

永久に傷ついたままではない

ここまでで時間、努力、安全、気づきがあれば、不快な感覚は**必ず変化する**というのは、もうお分かりだと思います。圧倒されてしまうこと、よくないことは起こる、これが人生の現実です。しかしトラウマは防ぐこと、または変容させることができるのです。そう、終身刑ではありません。身体が「出来事の連鎖」としてトラウマを受けるのは、生物的なプロセスが未完了のときだけで、この未完了なプロセスはいつでも機会があれば自然と完了へ向かいます。

紹介した感覚のエクササイズやアクティビティは、子どもに感覚を感じさせて、少しの間耐え、そして変容させていけるよう作られています。身体がこうやってバランスを取り戻すことを知った子どもは、もっと回復力を身につけます。そしてその子が何か恐ろしい体験をしたとき、恐怖や凍りつきから抜け出して命を生き返らせるという勝利の経験をします。それにより特別な自信が芽生えます。これこそが、回復力であり強さの発見なのです。

トラウマを予防するための応急処置――段階的ガイド

それでは、実際に子どもが圧倒されたとき、どのように対処していったらよいかを学んでいきましょう。トラウマの予防とは、子どもがうろたえているとき、そのかき立てられたエネルギーを「緩めるのを手助けする」ことです。次の8つの段階は簡単に習得できますが、順番どおりにやる必要があります。7つの目までは、子どもの身体を恐怖、ショック、凍りつきからどのように回復させるか、8番目は、感情の回復と起こったことを連続性のある語りにします。これは、起こった不運な出来事を、それにふさわしい場所に格納することに一役買ってくれます。子どもが安全で静かな場所に着いたらすぐに行なってみてください。

1. まずは、自分自身の身体の反応をチェックする

まずは、自分自身の恐れや不安に気づく時間をとりましょう。次に大きく深呼吸をし、息をゆ・っ・く・り吐きながら身体感覚を感じてみましょう。まだうろたえていたら落ち着くまで繰り返しましょう。足を感じ、足首、脚全体がどのように地面とつながっているかに気づいてみましょう。あなたに今ある過剰なエネルギーは、挑戦に向かう集中力となることを覚えておきましょう。落ち着くために使われた時間こそが、子どもにうまく対応する力を与えてくれます。そして、何が起ころうともあなたは受け止め、子どもの欲求に応えられるので、さらに恐れさせることや困惑させることを防げるのです。子どもは大人、とくに親の感情の状態に非常に敏感であることを覚えておいてください。

2. 状況を査定する

もし子どもがショックの様相をみせていたら（例えば、うつろな目、青ざめ、速いもしくは浅い心拍と呼吸、見当識の欠如、非常に感情的な様子、極端なおとなしさ、何も起こらなかったふりなど）、立ち上がって遊びに戻らせないようにしてください。「今はもう大丈夫だよ。…でもショックの中にまだいるからね（または、少しびっくりしているからね）。ショックがなくなるまで、一緒にここにいるね。今は遊び

たくても少しの間じっとしていようよ」などと言ってみましょう。落ち着いた、自信のある声を聞くと、子どもはあなたが最善を知っていることが分かるのです。

3．ショックが立ち去ったら、子どもに感覚を意識してもらう

皮膚に色が戻ること、心拍や呼吸がゆっくりになること、涙が出てくること、(うつろに見えていた)目に表情が戻ることなど、ショックから抜け出してきているサインを見つけるのは簡単です。次に1つ、またはそれ以上のサインが見えたら、身体がどんな感じかを優しく聞いてみましょう。**子どもの**答えを質問として繰り返してみましょう。「身体が大丈夫って感じるんだね？」そして、うなずきやほかの答えを待ってみましょう。次の質問はもう少し詳しく「お腹(頭、腕、脚、他)にどんな感じがする？」と尋ねてみましょう。もし(「堅いような痛いような」などの)明確な感覚を言葉にできたら、場所、大きさ、かたち、色、または重いか、軽いかなどをやさしく聞いてみましょう。「今、その石(とがっている感じ、しこりみたい、恐るべき感じ、ひりひり)はどんな感じ？」などと今この瞬間に留まれるように導きましょう。もしあまりにも幼かったりびっくりして話せなかったりするときは、痛いところを指差してもらいましょう(子どもは感覚をしばしば、「石のように硬い」や「ざわざわする」などのように表現します)。

4. 変化を注意深く見守りながら、ゆっくりと子どものペースに従う

タイミングがすべてです！　大人にとってここは一番難しく、子どもにとって一番重要でもあるのです。質問の間の1分~2分の沈黙が身体の深い回復のサイクルを起動させるので、たくさんの質問を短い間に投げかけると解決に向かう自然な流れを妨害してしまいます。あなたの落ち着きと忍耐が感覚に動きを与え、過剰なエネルギーを解放させるのです。

ここでは急がず、サイクルが終わったことを示す徴候に注意を向ければ大丈夫です。サイクルが完了したか定かではないときは、ただ待ってみましょう。深いリラックスした自発的な呼吸、泣いたり震えたりが終わり、ストレッチ、あくび、笑顔、または、視線が合わせられるようになってきたら1つのサイクルが完了した証拠です。

しかし1つのサイクルの完了は回復のプロセスが終わったことを意味するわけではありません。ほかのサイクルの始まりを待つか、または今のところはこれで充分であるという直観が訪れるかを待ってみましょう。完了したかを確かめるためにもう数分間、子どもには感覚に意識を向けていてもらいましょう。子どもが疲れているようなら、ここで終わりにしましょう。後でまた機会は必ず来ます。

5. 子どもの身体の反応が自然なものであることを伝え続ける

子どもの涙や震えを止めようとする衝動に抵抗し、起こったことは終わっていてもう大丈夫だということを教えてあげましょう。子どもの反応は自然となくなっていくまで続きます。この自然のサイクルは1分～数分程度続くようにできています。研究結果によると事件や事故の後、泣くことや震えることができた子どもは長い目で見て問題が少なくてすみます。[2] あなたの役目は子どもに言葉やタッチで、泣くことと震えることは自然で健康な反応であることを伝えることです。背中、肩、腕にやさしく手を置いて、穏やかにそして簡潔に〝それでいいんだよ〟や〝怖いものをここから振るい落としちゃおう〟などの言葉をかけてあげることは計り知れない助けになります。

6. 子どもの先天的な癒しの力を信じる

あなたが自分の感覚にだんだん慣れ親んでくると、リラックスして子どものリズムについていくことができるようになっていきます。いったんプロセスが始まったら、それを邪魔しないということが原則です！　子どもの先天的な癒しの力を信じましょう。そしてこの力を信じる自分自身を信じましょう。そのために、日頃、癒しの奇跡にあなたを導く大いなるものや、自然の驚くべき雄大さを振り返ってみる時間を持つのがいいでしょう。あなたの仕事は子どもと「共にいる」ことです。あなたというバランスの取れた存在は、子どもが涙したり、恐れたり、味わったことのない感情を解放するときの安全な受け皿なのです。落ち着いた声と安心させるタッチを使って、子どもがよい方向に向かっていることを教えてください。プロセスの思いがけない妨害を防ぐために、子どもの場所を変えず、注意を逸らさないように心がけてください。また、慰めようとしてぎゅっと抱きしめすぎたり、あまりにも近かったり遠すぎたりすることがないようにしましょう。しばらくすると子どもが好奇心を持って周りを見回すようなときがあります。この行動は「定位反応」と呼ばれるもので解決に向かっている証拠です。過剰なエネルギーを解放し、ストレス的出来事を完了させているのです。自然と起こる定位反応は、さらなる感覚への気づきであり、今ここでの活力、そして喜びをもたらしてくれるでしょう。

7．子どもが休みたがらなくても、休息をとらせる

一般的に深い解放と出来事への処理作業は、休息と睡眠の間も続いています。この時点では災難についての議論は避けてください。後になって、子どもは話したくなったり、絵や遊びで表現したくなるかもしれません。もしたくさんのエネルギーが動いたら解放は続いています。そして次のサイクルは微細で気づくことが難しいかもしれません。しかし、この休息のときこそ完全な回復が促進されるのです。身体に起こる少しの震え、熱の発散、皮膚の色の変化を見守りましょう。次第に

神経系がリラックスし均衡を取り戻します。それから睡眠時の夢は必要な身体の変化をもたらしてくれています。これらの変化は自然に起こるので、あなたがやるべきことは落ち着ける静かな環境を提供することです（注意　子どもが頭部を怪我しているときは休息させてもいいのですが、医師が大丈夫と言うまでは眠らせないようにしましょう）。

8. 子どもの感情面の反応につき合い、起こったことを理解する手助けをする

子どもが充分休息を取り、落ち着いたら、次の日でもいいので気持ちを聞いたり、どんな体験をしたかを話す時間をもちましょう。そのときは、何が起こったかを教えてもらうところから始めてみます。子どもはしばしば、怒り、恐れ、悲しみ、心配、困惑、恥または罪悪感を感じていたりします。これらの感情は自然なもので、あなたや他の人にも似たような経験があることを話してあげましょう。そうすることで子どもは自由に話していいと感じ、起こったことやその反応によって自分を責めなくてよいのが分かります。あなたの言動によって、子どもに自分が感じている**どんなことでも**、あなたには受け容れられ、注目に値するものであることを知らせましょう。もし、何らかの感情に取り残されているかを知りたい場合は、起こったことと似たようなお話を作ってみましょう。お絵かきや色ぬり、ねんどづくりは強い感情に取り組むのにとても役に立ちます。どこかの時点で、子どもがひどく取り乱すことがあれば、苦痛が去るように今一度感覚に気づいてもらいま

す。ここでは、遊びを通じて回復のプロセスが継続されることを手助けします。次の章のサミーのところを読めば、まだお話ができない子どもや怯えて話せない子どもに、遊びが特に効果的であることが分かります。加えて、子どもがあなたと作ったアートや愉快なリズムは、感情にさらなる癒しをもたらします。

次に示しているのは、実践する上での技術の向上です。「トラウマによる過度の活性化」を解消するために、どのような言葉、ペース、声のトーンを選べばよいかを示していきます。

子どものリズム、感覚、そして感情に合わせる

まず癒しをスタートさせるには、大人はどのようにすればよいのでしょうか？　子どもが経験している強い感情はごく自然なものだと安心させ、その困難は必ず消えていくことを教えます。

子どもは、これが永遠に続かないことと、再び自分らしさを取り戻すまであなたが一緒にいてくれることを知ると安心し、勇気づけられます。事実、子どもは大人の時間軸で急かされたり、止められたりしなければ、比較的早く感情を整理できるのです。子どもの「リズムに合わせる」とは、子どもを不快な感情から気を逸らさせたり、乗り越えさせたりせずに大人がそれに耐える力を持って子どものペースを尊重することです。そうすることで、子どもにありのままでいいというメッセージが伝わります。

この受け容れることと尊敬することを重視してください。なぜなら副木がちゃんと骨折した腕にそえ

られたときのように、あなたの集中した注目と慰め、指示しない言葉がけによって子どもが健やかで幸福な感覚を取り戻すことができるのです。骨が自然と治癒していくように、子どもの精神も独自の時間軸で癒えていきます。

子どもが必要としていることを見逃さないために

第1には、何か不測の事態が起きたとき、自分自身の恐怖や脆さに敏感になることです。次に大人が自分の身体につながるようにします。我を忘れているとき、文字通り自分に戻る必要があります。まず自分の感情に応急処置をします。自分の足がどのように床に着いているかに気づいてみます。足の裏が地面にしっかりとサポートされているのを感じますか？　ひざから下の重さと強さを感じますか、それともほとんど感じませんか？　根を張っているように安定していますか、それとも中心から軸が簡単にぶれそうですか？　腕と手をどのように感じますか？　自分の感覚に気づくことに慣れてくると、この一連の気づきを簡単にできるようになります。

もしも、もっと安定感が必要なら、ひざを曲げてあなたの重心を下げてみましょう。そして前後に揺らしたり、ゆっくり身体を動かし、足首の関節や骨盤を感じてみましょう。あなたがもっと地に足が着いているのを感じられると、自発的な呼吸や、中心軸に戻るといったようなうれしい変化が訪れ、子どもに寄り添うことも簡単にできます。これは機内アナウンスにあるように、まず酸素マスクは大人が自分の鼻と口に当てて、次に子どもに着けてあげるのと似ています。

まず大人が自分自身を優先することで、子どもによりよいケアができるようになります。あなたが中心を感じ呼吸がゆったりして、感覚が変化することに気づけたら、あなた自身は凍りついていないことになります。そして、あなたのは今、子どもの必要としていることに注目することができるのです。
自分の日常に起こる小さな出来事でもいいですし、他の人が緊急事態からどう落ち着きを取り戻すかを見てみるのも役に立つでしょう。もし、あなたが秩序を欠いた家庭で育ち、どう落ち着けるかが分からなかったら、役立つスキルになります。大人の身体言語や言葉から安全が伝わるとき、子どもは驚くほど早く過剰な非常事態のエネルギーを振り落とし、そのショックによる変性意識状態から戻ることができます。次の「感情の応急処置」の例は恐ろしい事故の後で、大人の落ち着きがどれだけ解放のサイクルの完了に有効かを示しています。

10代の少年が自転車に乗っていて車とぶつかり、道路に自転車ごと投げ出されてしまいました。彼は頭を打ちましたが、幸いにもヘルメットをかぶっていました。彼の腕と脚はひどくすりむけていましたが、一番凄まじかったのは青ざめた顔色と大きく見開いた目、そして変性意識状態でした。彼はショックの中、這って路肩のところまで行きました。通行人が、救急車を呼ぶように頼まれたとき、私は自分が今ちょうど目撃したことから、呼吸と心臓の鼓動が落ち着きを取り戻す時間を取りました。彼が生きていて動けることが確認できたので、自分の呼吸、ひざから下、そして足を感じることに集中しました。そして、この見ず知らずのケガをした人がショック状態から抜け出すのに私がすべきは、私自身が落ち着くことだと肝に銘じ、路肩のところで彼の隣に腰かけ「救急車がもうすぐ来るよ」と、とても穏やかな声で短く話しかけました。感情の応急処置が必要であること、そして助けるためには何をしたらよいかを知りながら、（力をこめて、そして確信している優しい声で）「あなたは今ショックを受けているけれど、救急車が来るまで私がそばにいるからね。あなたは生きているし、大丈夫だからね」と伝えました。この言葉が終わるとすぐに、彼は身震いを始めました。私は自分の手をしっかりと、しかし優しく彼の三角筋（上腕部の筋肉）に置き、彼に自然と起こってくる感覚を応援しました。「それでいいんだよ……すべて起こるままにしてみようよ…震えを起こるままにして…そう、大丈夫だよ」。3分後、顔に色が戻り、震えはより微細な振動へと変わり少しの涙が頬を伝いました。そして突然、自発的な呼吸が入ると、彼は何が起きたのか周りを見回しました。こうして彼は自分の感覚、つまり自分自身に戻ったのです！

ここで覚えておきたい点は、わたしたちが弱っているとき、なにをすべきか確信を持っていて、安心や共感に満ちた存在があれば救われるのです。つまり子どもも、そのショックにあなたが圧倒されずに耐えられると分かると安心するのです。

「ショックのエネルギー」は生存のためのエネルギーで、それが解放されるときは恐怖が伴うことを心に留めておきましょう。大人は、この恐怖は自然なものとして、子どものエネルギー（が解放されるの）を見守りましょう。

緊急時に子どもに助けを差し伸べるときは、リズムとタイミングを念頭に置いておきましょう。自然のすべてに固有のサイクルがあります。季節は移り変わり、月は満ち欠け、潮にも干満があり、太陽も昇って沈みます。動物は交尾、出産、そして冬眠などの儀式を自然のリズムに任せています。わたしたちもまた苦痛を拡張 - 収縮の自然のサイクルによって解消します。これは今どれだけ不快な状況にあっても、この収縮には**必ずや**拡張のときを迎えるのです。

しかし人間は、こういったリズムに2つの試練を持ちます。1つは、ゲーム機器やスマートフォンの世界と比べると、自然のリズムはわたしたちが馴れ親しんでいるペースよりも遥かに遅いことです。もう1つは、癒しのサイクルは完全にわたしたちのコントロール外にあるので、ただ観察し、尊敬するような寛大さを必要とするのです。評価したり、操作したり、そして急かしたり、そして変化させたりがあってはなりません。必要な時間と集中がそこにあるとき、癒しは完了へと向かいます。

このように、ストレスへの反応を解決していくことは、単に後のトラウマの可能性を減らせるということだけではありません。それ以上に、後の人生において、難しい状況を簡単に柔軟に越えていける自然な回復力を身につけることができているのです。ストレスを経験しても、それを解放することに慣れている神経系は、継続して負荷がかかっている神経系よりもさらに健康でいられます。よって本能的な反応に注目するように励まされた子どもは、健康と強靭さという一生涯にわたる遺産をもう既にもらっているのです！

第3章　遊び、アート、詩を使って、レジリエンスを取り戻す

その人のことを知る近道は、1年分の会話よりも、1時間の遊びである　プラトン

よく起こる事故や転落、その他の「日常の出来事」においては、第2章で紹介した基本的な応急処置で子どもは充分回復します。しかし、侵入的な医療行為、肉親との長期のまたは、永久の別離、大きな恐怖を伴う事故、暴力の目撃、虐待などの場合は、基本的な応急処置でトラウマの影響を最小限にできても完全に防ぐのが難しいこともあります。これらの場合、メンタルヘルスの専門家の助けを受けることが重要であり、ときには必須です。それでも大人が子どものストレスと不安を軽減するためにできることはたくさんあります。この章で紹介される遊び、アート、詩を使って、子どもが人生のでこぼこ道に対処できる自信をつけてあげましょう。

幼児、就学前、学童期の子どもは、しばしば、圧倒された経験を言葉でなく、ごっこ、遊び、アートを使って、そのひどい恐れや無意識の混乱を再現します。もし、ある人形がほかの人形を叩くなどの攻撃的な遊びを何度も繰り返すとしたら、恐ろしい経験から立ち直ろうとしているのかもしれませんし、恐ろしいことが誰かに起こったのを目撃した可能性もあります。この場合、大人が遊びを反復から解決へ向かわせることで、苦痛を和らげることができます。

一方、子どもはこのような明らかな形で痛みを見せてはくれないこともあるでしょう。何かの行事、人物、恐怖を想起させるものを避けようとするかもしれません。しばしば、新しく出現した子どもの問題行動は謎に満ちています。家族はどうすればよいのか戸惑い、行動の根拠を解明するのが困難だと感じるでしょう。

子どもは分かりやすい形で表現せず、次のような様相を呈します。親にまとわり着いたり、かんしゃくを起こしたり、反抗的になったり、攻撃性や多動、悪夢、不眠に苦しむかもしれません。何がこのような予想不能で騒々しい行動を子どもに起こさせているかが分からないときには忍耐を強いられます。

もっと痛々しいのは、子どもが自分より脆弱なペットや他の子にあたることで、見せかけの力を誇示して不安や痛みを表現するときです。しばしば、子どもは感情の捌け口を見つけられず、苦しみを頭痛、腹痛、そして夜尿というかたちで表わすこともあります。また、以前は楽しんでいた人や物事を避け、耐え難い不安を調整するために、環境や人々をコントロールしようとするかもしれません。

子どもの理解しづらい行動のもとにある恐怖、不信、恥の感情を緩和し解決するために大人ができることは何でしょう？　子どもにはもともと遊ぶという性質があります。ですから「ガイドされた遊び」をとおして回復の手助けができるでしょう。ここからは、子どもが恐怖を克服し、凍てついた瞬間から回復できるようにどうサポートするかを示していきます。たとえ子どもの行動が不可解でも、またはトラウマの名残を遊びで表現していても、次の事例は役立ちます。

事例のなかでは、3歳になる前のサミーに「遊びのセッション」を設定することで、勝利という経験と回復をもたらしました。そのあとの説明を参考にすることで、子どもに似たようなサポートができるでしょう。サミーは日常に起こる転落で縫合が必要になり、救急処置を受けました。それがサミーの行動にどのような変化をもたらしたか、そして数ヶ月後、遊びを通じて恐怖体験がどのように新しい自信と喜びに変容したかを説明していきます。

サミーのストーリー

サミーは週末を祖父母のところで過ごし、私はそのとき客としてそこに招かれていました。サミーは手におえない暴君ぶりを発揮し、攻撃的で、絶え間なく新しい環境と格闘していました。彼は何にも満足せず、荒れた様子をみせていました。寝入る際には布団とレスリングするかのように寝返りを打ちました。この行動は、両親と離れて週末を過ごす2歳半の子どもの分離不安としては予測できますが、サミーは今まではいつも、祖父母と過ごすことを楽しみにしていたのです。ゆえに、祖父母は奇妙に感じました。

祖父母は、サミーが6ヶ月前に子ども用の高い椅子から転落し、あごを切ったことを私に話してくれました。そして出血がひどかったので、地元の救急外来に搬送されました。看護師が体温と血圧を測ろうとしたとき、彼は怯えて測れないほどでした。マジックテープで拘束できる小児ベッドに固定され、彼は胴と足を動かせませんでした。そして頭と首のみが身体のなかで唯一動かせたので、この2つを力のかぎり動かしました。医師は、あごを縫合するためにマジックテープをきつくし、彼の頭を手で押さえつけました。

このすさまじい経験をした後、サミーの両親は彼をハンバーガー屋に連れて行き、公園で遊ばせました。母は彼に寄り添って、息子の辛さと恐怖をなぐさめました。そしてすべては終わったかのようにみえました。しかし、しばらくした後、サミーに横柄な態度が出始めました。そのかんしゃくと支配的な行動は、彼が病院で経験した無力感とどんな関連があるのでしょうか？　サミーはケガをして救急外来に何度か運ばれたりはしていますが、後に恐怖やパニックを見せたことはかつてなかったそうです。両親が戻ってきたとき、私はこの最近の出来事とトラウマ的な活性化がどう関連しているかを探ってみることにしました。

まず、私が滞在している小屋に皆で集まり、両親、祖父母、そしてサミーが見ている前で、私は椅子の上にくまのプーさんのぬいぐるみを今にも落ちそうな位置に置き、案の上プーさんは落ちました。皆でこれは痛そうなので、病院に連れて行くことに決めました。サミーは悲鳴をあげ、ドアを開け、そして橋を渡り小川へと続く狭い小道を走っていってしまいました。わたしたちの疑いはあたっていました。つい最近の病院での経験は、無害でも忘れ去られたわけでもありませんでした。サミーの行動によって彼が圧倒されていることを教えてくれているのでした。

サミーの両親は彼を小川から連れて帰りました。そしてわたしたちがほかの「ごっこ」を準備している間、サミーは母親に必死でしがみついていました。彼にはプーさんを守るためにわたしたちがいることを言い聞かせ安心させました。サミーはまた逃げ出しましたが、今回はただ隣の部屋に行っただけでした。彼について行ってみると、サミーはベッドに突進して、何かを期待するような目で私を見ながら両腕でベッドを叩きました。

「怒っているんだね」と、私は声をかけました。彼は私の質問に睨み返すことで答えてくれました。私はこれを続けてよい合図と解釈し、プーさんにブランケットをかけ、サミーをその隣に座らせました。「サミー、みんなでプーさんを助けてあげようよ！」と言って、私はブランケットのなかのプーさんを押さえつけ皆に助けを求めました。サミーは、興味深く見ていたのですが、すぐに母のもとへ行きました。母の脚にしっかりしがみついて「ママ、こわいよ」と言いました。

サミーを急かさず、彼が再開する準備ができるまで待ちました。次はおばあちゃんとプーさんが一緒に押さえられ、サミーは積極的に救助に加わりました。プーさんが助けられたとき、サミーは母のもとに駆け寄ってもっと強くしがみつきました。恐怖に震えた後には興奮と誇りの感覚がよみがえり彼は胸を張っていました。**これが、トラウマの再演から癒しの遊びへの変り目です。**彼が母親のもとへ行った次のときは、しがみつきは少し弱まって、興奮のジャンプが見られました。

サミー以外は順番にプーさんとともに救助されたので、彼が準備できるのを再び待っていました。サミーは回を重ねるごとに、ブランケットを引っ張る力が強くなり、そして母の腕の中に安心を求めていきました。終にプーさんとサミーがブランケットの下に押さえられる番になると、興奮状態になり怖がりました。彼は最も重要な挑戦をする前に、母の腕の中に何度か戻ってきました。そして勇敢にも、プーさんと一緒にブランケットの下に潜り込み、私は優しくブランケットを押さえました。彼の目は恐れで見開かれていましたが、**今回はほんの一瞬でした**。それから、彼はプーさんをつかみ、ブランケットを振り払って母の腕の中に飛び込みました。むせび泣いて、震えながら、「ママ、出して！　ママ、取って！」と叫びました。驚いた彼の父親は、これが病院でベットに固定されているときに、サミーが叫んだ**言葉そのもの**だったと私に教えてくれました。わずか2歳の幼い息子が直接的で、はっきりした要求を言葉にしたので、父親は覚えていたのです。

脱出を数回繰り返す度に、サミーはさらに力強さと勝ち誇った様子を見せました。母のもとへ恐れて駆け寄るのではなく、興奮して飛び跳ねていきました。脱出が成功するたび、わたしたちは拍手して一緒に踊り、「サミー、すごいね！　サミーがプーさんを助けたよ！」と歓声を上げました。サミーはこうして、数ヶ月前に自分を打ちのめした経験を克服したのでした。トラウマによる攻撃的で荒々しい行動は環境をコントロールするためのものでしたが、必要なくなりました。そして医療トラウマに取り組んだことで、多動で回避的な行動は勝利の遊びへと変容したのでした。

子どもの遊びを解決へ導くための4つの基本

サミーの遊びを分析しました結果、あなたがお子さんに使えそうな基本的な4つのポイントがありました。

1．子どもにゲームの進み具合をコントロールさせる

前章で子どものリズムに合わせる大切さを学びました。どんな場合でも癒しはゆっくりとその瞬間に寄り添うことで起こります！　子どものペースはあなたのとはかなりちがうかもしれません。子どもが安心するためには、子どもをあなたのほうに従わせるのではなく、そのペースとリズムにあなたが合わせてあげましょう。子どもの視点で行動を注意深く観察すると、上手にかかわっていける方法を素早く習得できるでしょう。ここでサミーの行動を見てみましょう。

サミーがわたしたちに教えてくれたこと

プーさんが椅子から落ちたとき、サミーは部屋から出ることで、圧倒しうる「ごっこ」への準備がまだできていないことを極めて明らかに教えてくれています。

サミーを安心させるためにわたしたちがしたこと

続ける前に、サミーは両親から助けられ、なぐさめてもらい、もとの場に戻る必要がありました。みんなで、プーさんを守るためにここにいることをサミーに言い聞かせて安心させました。このサポートと安心によって、サミーは遊びへと近づくことができました。

サミーがわたしたちに教えてくれたこと

ドアから外へ出ずに寝室に逃げ込んだことは、彼の恐怖が少し和らいだこと、こちらからの手助けを少し信用できるようになったことを示しています。子どもは続けたいかどうかを言葉にしないかもしれないので、行動や反応からヒントを得てください。子どもが選ぶどんな表現の方法も尊重してあげてください。子どもが自ら進んで行いたいと願っていること、そしてできること以外は決して強要しないでください。

子どもにあなたができること

恐怖、苦しそうな呼吸、体の強張り、呆然とした（解離した）様子に気づいたらペースを落としましょう。子どもにあなたが傍にいるから大丈夫だと安心させ、ただ静かに忍耐強く待っていれば、これらの反応は消えてきます。通常、子どもの目や呼吸の様子で、再開のタイミングがつかめるでしょう。

エクササイズ

もう一度サミーのストーリーを読んでみて、どこでサミーが再開しようと決めているかを注意して探してください。既にあげたもの以外にも3つの明白な手がかりがあります。

2．恐怖と興奮を区別する

ガイドされた遊びのなかで束の間でも恐怖が現われたら、トラウマの解決には効果がありません。たいてい、子どもは圧倒されるような感情を避けるために行動を起こします。それを止めたりしないでください！　同時に、子どもが、圧倒されない程度に避けようとしている不快な感覚や感情に戻ったり、「少し感じ」たりすることに力を貸してください。怖さを避けようとしているのか、それとも感じて積極的に脱出を図ろうとしているのかを見極めてください。ここからは、いつ休止した方がいいのか、進めたほうがいいのかを「見極める」際に役立つヒントを示していきます。

サミーがわたしたちに教えてくれたこと

サミーが小川へ向かったのは回避行動です。トラウマ反応を解決するためには、サミーは感情を爆発させてしまうより、自分の行動をコントロールできるということを感じなくてはなりませんでした。

子どもの経験をどのように「読む」か

回避行動は恐怖が子どもを圧倒してしまうときに起こります。この行動はふつう苦痛の感情を示す徴候（泣く、怯えたまなざしをする、叫び声を上げる）とともに表われます。一方、積極的な脱出は、うきうきするようなものです。子どもは小さい勝利に興奮し、あふれる笑顔で手を叩いたり、または心から笑ったりします。概して、回避行動とはまったく異なったものです。興奮は辛い経験からくる感情がうまく解放された証拠です。これは前向きで望ましく、そしてなくてはならないものです。

トラウマの再交渉においては耐え難い感情や感覚に耐えられる、または、喜ばしいものに変えていくことができるのです。例えば、高まる不安がほとばしる喜びに変わることは珍しいことではありません。なぜなら、この2つは神経系にとっては、ほぼ等しい活性化だからです。

子どもをどのようにサポートするか

子どもが興奮しているように見えたら、わたしたちがサミーと拍手し、踊ったように励ましていきましょう。もし、子どもが怖がったり怯えたりしたら、ひとまず安心させ、先には進まないようにしましょう。あなたの注目と励ましをもってそこに留まり、恐怖が弱まるまで待ちましょう。疲れているようなら休息を取らせてください。

3. 少しずつ一歩一歩

トラウマの出来事を再交渉していく過程においては、ゆっくりすぎるということはありません。トラウマ的な遊びの特徴は、その反復性です。したがって「再交渉」と「トラウマ的な遊び」が決定的にちがうのは、再交渉では徐々に子どもの反応や行動がコントロールできるようになり、解決に向かって変化していく点です。

サミーがわたしたちに教えてくれたこと

サミーが戸外でなく寝室に駆け込んだとき、彼は異なった行動で反応したのです。これは一歩前進したことを意味します。

子どもの進歩をよく見ておきましょう

反復がたびたび起こったとしても、ほんのちょっとでも興奮が増えること、言葉や自然な動きがさらに出てくることなどのわずかでもちがう反応が出たら、トラウマを克服しようとしています。もし、子どもの反応が多彩になるのではなく、強迫的に反復する方向に向かっているようであれば、子どもを前進させようとしてペースを速めた結果、過度の活性化を起こしているのかもしれません。

少しずつ進むために

まずはあなたが、自信、そして自分らしさを取り戻すために地に足を着け自分の感覚を落ち着かせてください。そして子どもの遊びの展開を小さくすることで、ゆっくり変化が起こるようにします。これは先に述べた子どものペースに従うということに矛盾しているように思えるかもしれませんが、子どもがあまりにも取り乱したり、圧倒されたりすることを防ぐのは賢明な大人だからこそできることです。そうするためにも、遊びの速度を落とすことが有効です。

子どもが緊張していたら、例えば、医療処置によるトラウマなら「(プーさん、お人形さんが) 怯えないように、(医者や看護師役は) お注射の前に何をしてあげようか?」と質問してみるのもいいでしょう。子どもは**自分自身が**、受けられなかった安心のためのケアや独創的な解決策を披露してくれるでしょう。

矛盾するようですが、同じことの繰り返しを何回やらなくてはならないのだろうという心配は無用です。サミーはプーさんとの遊びを少なくとも10回はしていましたし、わたしたちはそれにつき合いました。サミーは比較的短時間の間に、トラウマ反応を再交渉できたほうです。ですから、子どもがもっと時間を要しても一向に不思議ではありません。1日ですべてをやる必要などありません! 休息をとること、時間をかけることで、子どもは知らないうちにほんの少しずつ経験を内面で再交渉しています。解決までに至らなくても、子どもは遊びを続ける別の機会が与えられれば、似たシーンを自然に選びます。

それでもうまくいかないようであれば、この章をもう一度読んで、あなたの役割を再検討し、子どもの反応をより注意深く観察してみてください。たぶん、あなたは挫折を感じているか、過度に恐れているか、それとも子どものサインを見逃しているかのいずれかです。わずかなサインを捉えるには練習が必要です。いったん子どもが反応し始めたら、心配を手放してゲームを楽しんでください！

4．安全に囲い込んであげるために

自然の流れはあなたの味方です。トラウマ的な出来事を変容させる際に大人が最も苦戦し、かつ一番重要なのは物事がいい方向へ**向かっている**と信じ続けることです。この感覚は、あなたの内側から出て子どもに伝わります。こうして、あなたは子どもを自信の感覚で包み込めるようになるのです。しかし子どもがあなたの試みに抵抗することもあるでしょう。

もし、子どもが抵抗したら忍耐強く、安心させ続けてください。子どもは、本能ではトラウマ経験に取り組み直したいと思っています。ただ待ってみましょう。子どもを助けられるのかと自分の能力について心配しすぎてしまうと、子どもは**あなたの**不安を抑えなくてはと思ってしまいます。未解決のトラウマを持つ大人は、この罠にはまりがちです。子どもとの取り組みがストレスになったら、無理をしないで遊戯療法の専門家に子どもを見てもらいましょう。そして自分自身にも助けを求めることを先延ばしにしないでください！

子どもは助けを得られないとどうなるか？

もしサミーが助けを得られなかったら、もっと不安に怯え、多動で、しつこくまとわりつき、そして支配的になっていたのでしょうか？　または後に、夜尿や回避行動を見せるようになるのでしょうか？　もしくは原因不明の腹痛や、偏頭痛、そして、不安発作などに苦しむようになったのでしょうか？　これらはすべてありえることですし、しかし同時に特定するのも不可能です。どのように、いつ、子どものトラウマ的な経験が、その人生に影を落とすのかは分からないのです。しかしながら、予防によってこれらの可能性を低くすることはできます。「わずかな予防」が自信ある自発的な大人へと成長させてくれるのです。

サミーのケースのように、事故のすぐ後で助けを得られるケースは珍しいと思います。この点で、**あなたは**先駆者です。若い人たちを、重要なときに手助けするのは、文字通り凍りつき、恥、喪失、怒りを、震えることで解放させることです。ガイドされた遊びによって、子どもは、恐怖と苦痛に満ちた経験から身を守るために蓄積された強烈なエネルギーを安全に解放していきます。しかし、これにはあなたの手助け、導き、庇護がなくてはならないのです。

トラウマ的遊びとセラピー的遊びのちがい

出来事を想起させることへの回避行動やトラウマを再現したような反復的な遊びと、サミーのようなトラウマの再交渉の遊びを見分けるのはとても重要なことです。トラウマを受けた大人はしばしば何らかの形で、もとのトラウマを無意識に再演することがあります。例えば、子ども時代に性的虐待を受けた場合は、性的に奔放になったり、性犯罪者になったり、あるいは、セックスを完全に避けるようになることがあります。

これと似ており、子どもは恐ろしかった出来事を再現します。子どもはその背後にある重大さには気づかないとしても、もとのトラウマに関連する感情に深く突き動かされるのです。トラウマについて語らなくても、その遊びから子どもがまだ苦しんでいるという手がかりをつかむことができます。

レノア・テア著『恐怖に凍てつく叫び』のなかに出てくる3歳半のローレンが車のおもちゃで遊ぶ様子をみてみましょう。「車がみんなの上を走ってて」と、ローレンは2台のレーシングカーを指人形たちの方へ走らせました。「車のとがっているとこが人のとこにきて、みんな怖いの。とがっているとこはね、お腹や、お口や、…(彼女は自分のスカートを指差しました)。お腹、痛い痛い。遊ぶのやめた！」(訳者訳)[1]

ローレンは突如襲ってきた恐ろしい身体感覚で、遊びを中断しました。これは典型的な反応です。そしておそらく同じ遊びを何度も繰り返し、毎回、恐怖の感覚を腹部に感じ不快になって、遊びをやめることでしょう。あるカウンセラーたちは、ローレンは遊びを通してトラウマを受けた状況をコントロールしようと試みていると分析するかもしれません。しかし、彼女の遊びは、大人が恐怖症を克服するときによく使われる暴露療法というやり方に似ています。テアはこのようなやり方は、あまり有効ではないとしています。たとえ子どもの苦痛を軽減できたとしても、そのプロセスには時間がかかり過ぎるか、残念ながら、ほとんど解決せず強迫的に反復されるだけなのです。解決せずに反復されるトラウマ的遊びは、大人がトラウマの再演やカタルシスによる追体験でその衝撃を深刻にしてしまうのと同様に、子どものトラウマも悪化させてしてしまうのです。

サミーで見てきたようにトラウマ的体験にうまく働きかけて再交渉を行うことは、根本的にトラウマ的遊びやトラウマの再演とは違います。子どもはたいてい、遊びが引き起こすトラウマ的感情を避けようとするのが普通です。導きよって、サミーは**感情をゆっくりと、順を追って克服して、それに耐えられるようになってきました。**プーさんが相棒となってトラウマ的な出来事を段階的に再交渉していき、サミーは勝者、英雄になることができたのです。勝利や勇敢さの感覚というのは、ほとんどいつもトラウマ的な出来事の再交渉が成功したことを示しています。衝撃のシーンを設定した後に、ゆっくりと上手にサミーの遊びに加わっていくことで、サミーは恐怖を克服することができました。大人はほとんど何もせず（約30分位で）「脱出の成功」という暗黙のゴールへ導きました。そしてサミーは救急外来では得られなかった結果を体験できたのでした。

子どもはもっと助けを必要としていませんか？

子どもの問題行動が解決されるかどうかを、恐怖の出来事に言及して反応を見てみましょう。トラウマを受けた子どもは出来事を思い出させられることを嫌い、いったん思い起こすと、憤ったり、怖がったり、時にはある子は話したくないので部屋から離れ、またある子は話しが止まらなくなります。異常な行動パターンを解消した子どもでも、必ずしも過剰なエネルギーを解放できたわけではないことがあります。トラウマ反応が何年も現れなかったのは、少なくとも、成長している神経系は一時的には意思の力で過剰なエネルギーをコントロールできるためです。過去に突然の行動の変化をもたらした恐ろしい出来事を子どもに思い出させると、トラウマの残存が見られることがあります。

「子どもの行動が落ち着いているのに、なぜこんなことをする必要があるのか？」と疑問に思われるかもしれません。トラウマ反応を再び活性化することは必ずしも心配には及びません。これはトラウマによる過剰に蓄積されたエネルギーを解放し、プロセスを完了する機会なのです。蓄積されたストレスを減らしながら、最適な反射能力、バランス、調整力、落ち着き、自己主張する力、そして自己感覚を取り戻します。つまり、回復力を培い、自信と喜びをもたらすということになります。

時に子どもがストレスに満ちた状況や圧倒されるような体験を克服するときには、しばしば専門家が必要な場合があります。事故、転落、または簡単な医療処置によるショックにおいては、上手に大人が対処していくことで子どもの自信を回復することができますが、レイプ（家族のメンバーによるものである場合は特に）などの複雑な状況では限界があります。それと、出来事が何であれ、あなたが手助けしてもショックが続いているようであれば、やはり専門家の助けを求めたほうがいいでしょう。

一方、子どもの問題が１回の試みで解決しなくても必ず専門家が必要なわけではありません。もう少し「遊びのセッション」の回数を重ねれば確実に快方に向かうこともあります。もし、繰り返し試してみても子どもが安心せず、凍りついたままで、勝利と統制感覚の方向へ進んでいく様子が一向になかったら、**決して**強制せず子どものケアに精通している専門家に相談してください。子どものトラウマを予防することは比較的簡単ですが、トラウマを癒すのは時に複雑です。これは複数の出来事が重なる場合は特にです。ほかのストレス要因もあった場合や、子どもがそのときに何もサポートを得られなかった場合、または子どもが信じていた大人から裏切られた場合はトラウマがさらに複雑化していきます。

ごっこ遊びを通して子どもを助ける

プーさんやテディベアのようなぬいぐるみや人形を使って場面設定をしたり、ほかの様々なおもちゃを使うのもいいでしょう。子どもはパペットが大好きです。お話を作り、状況設定して演じて遊んでみましょう。起こったことにあまりにも怯えて直接話ができない子どもにこれは最適です。子どもが3歳より上ならば（もっと小さい子どもだと誤飲の恐れがあるので）、ミニチュアのおもちゃがシーンを設定するのに役立つでしょう。変装しての劇やごっこ遊びも、苦しい感情や感覚を解決するいい入り口になります。

パペット（指人形、片手遣い人形）

パペットはすべての年齢の子どもにとても魅力のあるものです。思春期の子どもでさえはじめはふざけていても、最終的には遊びに没頭することも珍しくありません。子どもと一緒に笑いながら、様々な声や口調で話し始めるのが簡単なのでしょう。自分が自発的であることで、子どもにもそうであることを励ましましょう。パペット遊びによって、子どもは自分の問題から充分心理的な距離を保ち、自由に表現する安心感が得られます。気持ちを感じ表現するのが難しい子どもでも、ほとんどがパペットを通して間接的に表現ができます。

自由な遊びの後では、子どもに苦痛を引き起こした状況か、それに付随する行動に取り組む方向へ導いてみましょう。例えば、子どもが無関心になったり、すねたり、落ち込むことで怒りを押し殺しているようなことがあったら、パペットを使って感情を表現するように誘ってみましょう。あなた自身がまずパペットで怒りを表現します。例えば、「怒っているワニのアリス」と言って歯ぎしりして大声でかついていることを主張してみます。ほかには、子どもがほかの子どもの頭を叩いたり、かんしゃくを起こすとしたら、「強い巨人のアンガス」と言って足を鳴らし、王国中に怒りとはどんなものかを知らしめてあげましょう。このようにして子どもは誰も傷つけずに怒りを表現でき、恐れ、悲しみ、喜びも同様に表現するようになります。そして感情を伝えられるだけでなく、しばしば問題にとびきり独創的な解決策を見出します。

大人が遊びを通して子どもとのつながりを感じリラックスしてきたら、（もし知っていたら）実際の状況に一歩近づきましょう。例えば、お母さんまたはお父さんがパペットの1つを落下させたり、車の衝突を再現したり、近日中にやってくる医療処置について話したり、怯えるようなやり方で近づいたり、おじいちゃんが死んだときどんな気持ちがしたかを語ってもらったりしてみましょう。パペットを通じて子どもの感覚、思考、感情を探ってみます。子どもは大人が適切な環境を設定してあげると驚くほどの回復力を見せます。恐れと向き合い始め、そして自信を失わせた状況への統制を獲得するのです。

パペットは作ることも購入することもできます。手全体を覆うものや指だけのものもあります。おもちゃ屋でもネットでも購入できますし、子どもと一緒に作るのも楽しいものです。お金をかけず茶色の紙袋や古い靴下などに、色マジックで顔を描き、目や口を鋏で切り抜くのもよいでしょう。耳や髪の毛は紙きれや毛糸で作り、のりづけすることもできます。指人形には靴の空き箱がステージになり、大きいパペットには大きな箱か小さなテーブルで充分でしょう。

ミニチュアのおもちゃ

うろたえている（3歳より上の）子どもには、小さなおもちゃやミニチュアを使うことで、内面の世界へのもう1つの豊かな入り口ができるでしょう。コンピュータやビデオゲームが急増し、電子メディアが子どもの生活の大部分を占めています。しかし子どもは想像力を発揮する機会が与えられれば、ミニチュアで何時間でも遊びます。子どもと関わる意欲のある大人は、そこからたくさんのことが学べます。子どもはカーボーイとネイティブ・アメリカン、海と陸の動物、海賊と剣、家族、警察と泥棒、救急車と消防車、木、魔法使い、怪獣、火山、家具、赤ちゃん、医者、看護師、バンドエイド、宝石箱と略奪品、または皿や銀製品などを選びます。あなたが起こるがままにしておけば、ひとりでに想像力を使って、あらゆるテーマ、設定、やりとりを思いつきます。

大人は一緒に座って、子どもがおもちゃでどのように遊んでいるかを眺めてみます。優しく親切ですか、それとも乱暴で残酷ですか？　どんな場面設定をしていますか？　隠れ家や戦闘シーンを作っていますか、それとも脱出ゲームの方が好きですか？　しばらく眺めたら子どもに、あなたがどの役をやってほしいか聞いてみてください。子どもが圧倒されて苦しんでいるとしたら、どのように出来事（離婚、事故、レイプ、医療処置、自然災害など）の要素が反映されているかを探ってみましょう。想像力と手を使って何かを創作し場面を展開しているとき、ストレスと緊張を解きほぐす何か不思議なことが起きているのです。子どもが感情のエネルギーを表現し解放すると、バランスのとれた自分という感覚を取り戻します。

就学前の子どもには、座って大小様々なものと遊べる砂場がいいでしょう。この種の遊びは、砂を触る感覚の経験と、指先を使っておもちゃなどを操る筋肉の運動の2つが含まれており、問題に取り組む素晴らしい媒介となります。子どものお絵かきやセラピー的な遊びでもそうですが、一番大切なのは子どもの世界、感情、そして創造力を愛情ある大人が見守ることです。大人が判断したり助言したりしないときに子どもは安心できます。言葉ではなく「手は知っている」ということに気づくと子どもとのつながりが生まれます。カール・ユングが「しばしば手は、知性が奮闘してもだめだった難問の解き方を知っている」（訳者訳）[2]と言っています。大人の役目は感情のレベルで子どもとつながるために、その経験に一歩踏み込むことです。

なりきり遊び／変装、ごっこ遊び

パペット遊びのような、なりきり遊びは子どもを当惑させずに、思いや気持ちを表現できる安全な心理的距離を与えてくれます。この種の遊びは、子どもにとっても、そして子どもの世界につながりたい大人たちにとってもやりやすい手段です。

心理学者で児童・思春期専門のセラピストであるバイオレット・オークランダーは、養子にもらわれた10歳の男の子、ジョーイとのセッションを次のように描写しています。ジョーイは5歳のとき、廃車の座席にロープで堅く縛りつけられた状態で発見されました。彼は薬物療法を受けましたが、怒りを爆発させる多動の少年でした(3)。この少年は明らかに、力とコントロール、そして脱出の経験とそういう場を提供してくれる安全な大人を欲していました。

信頼関係を築く遊びのセッションを数回持った後に、ジョーイはおもちゃの棚から手錠を発見し、自分で場面設定をしました。バイオレットは泥棒役、ジョーイは警官役。彼はバイオレットにお財布を盗むフリをさせ、追跡し捕まえました。ジョーイはこのゲームに非常に熱心に取り組んでいました。2回目も同じ内容の遊びが繰り広げられ、そのときジョーイはバイオレットをくくりつけるロープが欲しいと言いました。次の週、バイオレットはロープを持ってきて、この遊びを続けました。ジョーイは、追跡して捕まえ、手錠をかけ、縛るという遊びを飽きるまで繰り返しました。これにより、ジョーイは自由を味わい、遊びのテーマはトラウマの名残が薄いものに変わりました。その後の母親の報告によると、ジョーイが別人のようになり、幸せで、もう破滅的ではなく、落ち着きをみせた、ということでした。

ジョーイのように、捕らえられたり、押さえつけられたり、攻撃を受けたり、またはどんな形でもコントロールを失ったりなどの恐ろしい経験をした子どもには、能動的な回復の経験が必要です。ジョーイがやったような遊びのよい点は、防衛のための姿勢や動きが加わることです。それによって、圧倒されている間には失われていた力強さが戻ってくるのです。子どもがごっこ遊びに夢中になったら内気さはなくなります。他にも、子どもの健全な防衛を促進するのにお勧めしたいのは、お気に入りの動物の真似をしてもらうことです。特徴や動きを真似て、うなったり、跳ねたり、ジャンプしたり、歯をむき出したり、跳躍したり、ガラガラと音をたてたり、爪で摑んだり、泳いだり、滑ったり、襲いかかったり、そしてシッシッと追いやったり。

簡単なのが一番なので、ダンボールや板目紙で動物、人物、空想の生き物の仮面を創作してみるのもよいでしょう。マスクに隠れることで、子どもは自分の感情を表現する内なる力とつながることが簡単にできます。火を吹くドラゴンと戦い、上手に身をかわして安全なところへ素早く走るか、クッションやマットへの上手なやわらかい着地を練習するかもしれません。ほかのテーマとしては、安全な隠れ場所を見つけたり、刀剣での戦いに勝ったり、傷口を縫合する医師や看護師になったり、事故を避けるためにハンドルを切って運転するフリをするかもしれません。パペットやおもちゃのミニチュアと同じく、ごっこ遊びを通して、子どもは無力感と凍りつきとは正反対の身体的な活動ができるのです。

アート活動──ねんど（または手作りねんど）、色ぬり、お絵かき

ねんど

ねんどは手を使う素晴らしい媒体です。作っては変え、また作る、を繰り返すことができます。この可塑性《かそせい》が子どもを感情豊かにし、想像させ、どのように物事が変化するか発見を与えます。子どもは形を作ったり、人形を作ったりするかもしれません。小さいねんどの人形を作ったら、あきらめているようなことでも何でもそれに言っていいと伝えてください。今は亡き愛する人、離婚や何らかの事情で会えない人を作るかもしれません。小さい子（大きくなってもですが）には、それが何であれ、ただ塊を作って潰して力を感じるというのも重要なのです。

フィンガーペイントとお絵かき

感覚を体験することで、子どもは「自分という感覚」を強く感じることができます。フィンガーペインティングは感情を表現し、苦痛を解消する卓越した方法です。これはベタベタの感触から深い気持ちを発掘するようなものです。多動の子どもに使うと特に効果的です。落ち着きが出て集中し、言葉ではイライラを表現できなくても、気分がよくなったと報告してくれます。一緒に隣に腰かけて子どもと静

かに色をつけていくと、自然と絆が生まれます。子どもがあなたと一緒に絵を描きたがるかもしれません。

お絵かきができるくらいの年齢の子どもには、子どもが描いたシーンについて聞いてみましょう。そしてトラウマ的出来事と回復する力の両方を探します。描かれたものにアドバイスをしたり解釈や判断を下したりせずに、スケッチのなかの様々な動物や人々がどんな気持ちなのかを聞いてみましょう。何か物体があったら、それについて話してもらい、ほかのものとの関係について少し聞くのもいいでしょう。子どもは自分自身を絵の中に登場させているでしょうか？ もし、絵の中にいないようならシーンの中の登場人物のような気持ちになったことがあるか聞いてみましょう。子どもの絵を心から好奇心を持って見ることがポイントです。そうすることで大人の意見や感情を押しつけず、子どもの内面の世界とつながることができます。

自由形式

子どもに紙と何色か揃ったフェルトペンを与え、一色を選んで、くねくねの線で、今どんな気持ちなのか描いてもらいましょう。もし描いたものや気持ちについて話したいようなら注意深く聞いてあげましょう。もしそうでないなら無理をさせずに様々な色を使っていたずらがきを続けさせましょう。

感覚の身体地図

2歳から7歳ぐらいまでの子には、模造紙に横になってもらい身体をマジックで型取りします。そして色や模様を使って感覚や感情を示す色や形の約束記号を決め、それを使って先ほど描いた身体に色や模様をつけます。

約束記号の例としては、

・青＝悲しい
・オレンジのくねくね＝不安
・ピンクの水玉模様＝しあわせ、うれしい
・黒＝呆然、まひした
・紫の曲線＝元気がある
・赤＝熱い、怒っている
・茶＝こわばっている、かたい

7歳以上の子どもには人の形を大きめの紙に形作ってもらい、端に自分で約束記号を書きます。そして今感じている感覚や気持ちを表現させましょう。快や不快、両方の感情が表現できるように励ましてください。

バリエーション

年齢がもっと小さい子、とても恥ずかしがり屋の子、発達に遅れのある子などには、感覚の身体地図を簡単にし、約束記号を2色にしてみます。気持ちのよい感覚は好きな色、不快な感覚は嫌いな色と決め、人の形は大人が描きます。

出来事の場面やおはなしを描く

起きたことを表す何かを描いてもらいます。特に指示は必要なく、好きなようにやらせてみましょう。子どもはトラウマに取り組む助けとなる天使、愛する親戚やペットのお化け、スーパーヒーローなどの空想のものを描くことがよくあります。覚えておきたいのは、ここでの子どもの絵は芸術や正確な描写である必要はありません。トラウマの癒しにおいて、子どもの絵は閉じ込められたエネルギーを解放し、変容させるためのものです。アート活動は気持ちを模索し理解する安全な方法で、何でもありなのです！　アートの自由さは、しばしば感情の解放につながります。

不安・恐怖とその反対を描く

もし出来事を描いても不安のままならば、次のような構造化された絵画エクササイズをやってみてはいかがでしょうか。

2枚の別々の紙を用意します。1つは不安や恐怖などの気分の良くないこと、もう1つはその反対のくつろぎや希望、幸せ、安心、気楽さなどの気分の良いことを描いてもらいます。子どもはよくこれを自然にやります。車の衝突などの大惨事を描いたかと思うと、その後で虹を描いたりします。どちらを先に描くかは気にしなくてもかまいません。子どもに決めてもらいましょう。終わったら、一枚ずつ眺めて感覚や気持ちを話し合います。「不安」の絵への感覚や気持ちがその反対を描くことによって、どのように変化するかに気づくこともできます。2枚の紙にではなく1枚を半分に折ってやってもよいでしょう。

子どもが対処できるようになる資源を描く

みんな資源を持っています。そしてエヴリィ・ボディ（訳注 すべての（every）身体（body））が資源を持っているとも言えます。ここでは身体、感情、心理、精神の健康を外側から内側から、そしてその両方から支えるあらゆるものを資源と呼びます。子どもは内側に資源を持って生まれてくるのですが、（外側の資源である）大人のミラーリング（訳注 子どもと目を合わせたりして、その動きを真似すること、鏡映自己対象を育む無条件の賞讃）による慈しみでそれを実感し、そして必要なときに、その資源を使うことができるようになります。こうして子どもは、ストレスの多い出来事があっても内側の力強さや回復力を感じられるのです。

外側の資源によって自信を取り戻し、内側の癒しの力を強くする経験を重ねると、子どもは大変なときに対処できるようになります。外側の資源の例を挙げると、ペット、祖父母、庭での土いじり、友達の家、好きなアンティーク、お気に入りのおばちゃん、詩、歌、ボール遊び、工作、水泳、パパ、ママ、動物のぬいぐるみ、手紙を書くこと、外遊び、兄弟、先生、神様、石集め、自転車乗り、キャンプ、ハイキング、お絵かき、本読み、ダンス、オーボエ吹奏、サッカーチーム、山、ビーチ、自分の部屋、お祈り、数学、体操、ごっこ、星を見ること、おばあちゃんのキルト、色ぬりセット、化学セット、クッキーを焼くこと、小石投げ、お友達とのおしゃべり、鬼ごっこ、など様々です。

子どもの資源を探り、そのうちの何かを絵に描いてもらいましょう。そして選んだ人物、ペット、活動について一番最近のエピソードを思い出してもらい、そのときの感情や感覚で何が起こっているかを聞いてみます。目を閉じてもらうと思い浮かべやすくなるでしょう。小さい子どもでも、身体のどこが気持ちいいかを指し示すことはできます。

詩と絵を組み合わせてみよう

次の簡単な詩（もしくは、あなたが子どもと作る詩）は、癒しをもたらす素晴らしいものです。この自然を題材とした詩は、だいたい3歳から11歳の子どもが資源を作る助けになります。それより少し小さい年齢にも大きい年齢にでも使えるでしょう。詩はいろいろな目的に使えます。たとえば、好きな動物が描かれていて、その滑稽な動作が失っていたかもしれない、またはまったく気づいていなかった力強さを再発見させてくれるかもしれません。子どもが詩に自分の回復力や力強さを示す絵を描いてくれることもあるでしょう。

途中には説明が挿入されており、子どもへの効果的な使い方をアドバイスしています。楽しんで読んでみてください！(4)

詩の使い方

1. はじめに詩を黙読しましょう。
2. 説明の部分を読んで、子どもが詩からよい経験を得るためのアイディアを理解しましょう。
3. 子どもに詩をゆーっくーり読んであげましょう、どんな反応も観察してみてください。
4. 子どもから手がかりを得て、提案を試してみてください。感じることを促し感覚に働きかけるか、反応や疑問について話し合う時間をとりましょう。
5. とにかくゆっくりいきましょう！　ある子どもには、一日に一連だけで充分かもしれません。子どもの年齢や、発達段階、環境に合わせて詩を利用してみてください。

力強さをもたらす詩と絵

この詩は子どもに力強さという資源を与えてくれます。トラウマを前向きな経験に変容させるために、（圧倒されている間は不可能だった）自分を防衛できるという自信を取り戻す必要があります。次の詩は、うさぎが子どもの本来持っている「逃げる」という資源に取り組むこと応援してくれます。力強さ、陽気さ、そして上手な脱出からエネルギーの解放が起こるでしょう。

どのくらい速く走れるの？

おおかみのチャーリーはお昼が食べたくなって
とっても静かにしたたかに、自分の直観に従いました。
背の高い草の中に静かにしゃがみ、
うさぎが通りすぎるのを、我慢強く待ちました。

うさぎは小道を跳ねて来ます。
クローバーを食べるため止まり、そして自分の足跡を消しました。
おおかみはジャンプして、大きな跳躍をしました。
うさぎがじっとしていてくれることを願いつつ。

うさぎは素早くジグザグに動き
そして丸太に隠れました。
おおかみは賢く、強く、
速く、しかし、充分ではありません。

うさぎのように、あなたは速く走って逃げたことある？

自分の**足**を感じ、その**強さ**や**形**はどんなかな？
あなたは健康で強い身体をもっているんだね。
高く、遠くへ跳べる。

走るたびに動く腕に**力**を感じてみて、
心臓の鼓動と、太陽の**暖かさ**を感じてみようよ。
顔に**そよ風**が吹いて、あなたの髪の毛を通り抜けるでしょう？
跳んでいるときには、**手**や**ひざ**がどうなっているかな？

そして、今、**安全な**隠れ場所に着きました。

さぁ、**大きく深呼吸**して、だってレースに勝ったんだから！
休息できる安心な場所をみつけて、
お腹と**胸**はどんな感じがしている？
起こっているすべての動きに注目してみよう。
勝利のすぐ後でどんな感じがする？
呼吸に気づきを向けて、そう、入ってそして出ていく、
素晴らしい気持ちを味わえたら、叫んでもいいよ！

提案 この詩はトラウマを克服する際に重要な2つの要素、「**逃げ**」**て**「**安心を感じる**」ということに気づきを向けさせてくれます。子どもと「走る」、「跳ねる」という本能的な力の感覚を深めていく時間を持ちましょう（他にもひっこめたり、ねじったり、キックしたり、ジグザグしたりの箇所でも力を感じられるかもしれません）。安全を求めてジグザグに走るラビットの真似をしてもらってもいいでしょう。

子どもが力強く危険を避けられると、自分の内側からわき出る自尊心が高まります。自尊心の「運動筋肉の記憶」は、ストレス下においても自然に自信を持てるようにしてくれます。それは、いったん覚えた自転車乗りのようになくなることはありません。子どもが走ったり、力強さを感じる時間の後でこの記憶を定着させるため、動きを描いて色をつけてもいいでしょう。もし、子どもが小さすぎて動きが

描けないならば、動きがどのように感じるかくねくねの線で描いてもらいましょう。次のお絵かきのエクササイズはさらに逃げ出す経験を深めてくれます。

逃げ出す絵を描く

逃げ出すことは万人に通じる無力感の解毒剤です。どの子も自由に逃げ出す力を大切にして欲しいものです。このエクササイズは子どもに恐怖心を起す状況を見分け、逃げ出す自信をつけていくためのものです。

子どもが地に脚を感じて落ち着いたら、次のお絵かきをやってみましょう。まずは子どもに大変だった出来事の後に、どのように安全であることを確信できたかを聞きます。または、どのように逃げ出し、そして再び大丈夫と分かったかでもいいでしょう。誰かの助けがあったか、それとも1人だったか？　何か自分でできたことはあるのか？　どのように、大人に助けを求める合図を送ったのか？

子どもには次のことに注目してもらいます。

1. 逃げ出すために、または安全を確保するためにどのような行動をとったか（例 高い所に移動した、自分を大きく見せることで見つけてもらえた、自分を小さくして見つからないようにした、歩いた、走った、隠れた、昇った、押した、つま先立ちをした、助けを求めて泣き叫んだ、凍りついた、声を出して叫んだ、黙った、息を殺した、計画を立てた、警察を呼んだ、待った、祈った、這った、手を伸ばした、持ちこたえた、離れた、頭をひっこめた、頭を覆った)。

2. 誰が、または何が助けてくれたか(例 兄弟、近所の人、キックする力、叫んだり走ったこと、救助人、木登り、大いなる力を信じること、ペット、赤十字、運、時間、医療従事者、内なる力、ロープ、じっと静かにしていること、友達、素早く向きを変えること、救急救命士、救命胴衣、親、自分の機敏さ)。

次に、子どもに「逃げ出す場面」の絵を描いて色をつけてもらいます。その後で、絵をよく見て、子どもに良い感情を起こす部分を見つけてもらいます(例 パワーのある、力強い、ラッキー、心地よい、愛された、サポートされた、温かい、勇気ある、誇れる、敏速な、または、賢い)。最後に、これらに付随する感覚を教えてもらいます。たくさんの時間を使って見つけたよい感覚が他の身体の部分にどう拡がっていくかの気づきを促しましょう。

安心な場所を描く

子どもに目を閉じてもらい、座ってでも横になってでもいいので快適にして、呼吸のリズムへの気づきを促します。身体の中で落ち着きを感じるところと固くて緊張しているところを見つけてみましょう。通常の呼吸に戻る前に1~2回深く息を吸ってもらい、ゆっくりと、はぁぁぁぁぁぁーと吐きます。そして、心から安心できる特別な場所を想像してもらいましょう。すでによく知っているところかもしれませんし、想像上の場所かもしれません。子どもが望むそのとおりの場所を想うことができたら、ぬいぐるみや実際のペットがいたり、ビーンバッグのクッション、毛足の長い絨毯やブランケット、ふかふかのしっかりした椅子やクッションなどを置きたくなるかもしれません。そこでは一人かもしれませんし、見知らぬ人がいたり、または愛する人々がいるかもしれません。写真、ポスター、アート作品や、（実際か架空の）ペットや植物、お友だちを想像することもあるでしょう。

自分の空間を作り出すのに充分な時間をかけたら、そのなかでも特に心地よい場所を見つけるように提案します。もし、それが見つからなくても想像でいいことを伝えましょう。そして、安心の感覚がどんなものかに気づきを促し、それは身体のどこか、そして最後には、その場所の絵を描いて色をつけましょう。

恐怖の感情に閉じ込められたとき

安心な場所を想像し、探索し、描いた後でも、子どもが恐怖に苛まれているようならば何がそうさせているのかを聞いてみましょう。身体のどこが恐怖を感じ、どこで安心を感じられるかを教えてもらいましょう。一枚は幸せで安心しているところ、もう一枚は恐れているところを絵で描いてもらってもいいでしょう。恐怖が安心より勝っている場合は、内側に「安心の島」を作っていくような時間を取りましょう。これは、比較的安心を感じたときを思い出してもらうこと、安心を感じられる家族の一員の写真を見せること、好きなおもちゃやぬいぐるみを手渡すこと、抱きしめること、揺らしたり抱っこしたりすることで実践できます。また、クッションやシーツ、ダンボールなどを使って隠れ場所を築き、かくれんぼをやってもいいでしょう。

もし不快に「閉じ込められた」時は、その感覚を動かすのに役立つ具体的な提案があります。

あなたが指し示し、言葉にしようとした部分に注目すると
その感じは変化しますか、それともそのままですか？
もしそのままなら、
閉じ込められた感じをあなたの外側へ**動かす**
方法があります。

〔1～2分の間、目を閉じてやってもいいでしょう〕

それには色や、形がありますか？

かたまりになっているかもしれません。

気づきを向けていると、あなたの気づきがあるところから別のところへ動くこともあるでしょう。

そうして跡形もなく恐れが消えるのを**見守り**ましょう。


今度は、あなたは自分のお気に入りの場所にいます。

そこは特別で、**静かで安心**です。
そこには誰がいてほしいですか？
ママ、パパ、それともくまのプーさん？

兄弟、姉妹、犬、それとも猫？
それとも…（好きな人やキャラクターを入れてください）がいるかもしれないね。
誰かに抱きしめられたいですか？
強く抱きしめられると、**リラックスして呼吸が楽に**できるね！

腹が立ったときや泣きたいとき
誰かに近くにいてほしい？
泣くことは気分をよくしてくれるよ、
ちょうど笑いと一緒。ただそれが湿っぽいだけ！

提案 腹部の痛みや、胸のつかえなどの閉じ込められた感情や感覚を解放する際は、目は開けても閉じても、子どもを1~2分の間、感覚に注目させましょう。「固い結び目」、「恐れ多さ」、「痛み」、「石」やそのほか何であれ、今経験しているものに、大きさ、形、色、または重さがあるかを優しく聞いてみましょう。イメージや感覚を静かに感じてもらうため、質問と質問の間には充分な時間を取りましょう。次に、今この瞬間の「怖さ」がどうなっているのかを子どもに聞きます。引き続きゆっくりと「閉じ込められたエネルギー」が動き始めるのを、言葉はもちろん、子どもの身体言語の微妙な変化（特にリラックスした呼吸や姿勢）をしっかり観察していきましょう。

終わりにあるように子どもが誰、または何と一緒にいたいかを聞くときは、その答えを真剣に受け止めてください。浮かんできたことを捉えて、涙、怒り、悲しみ、恐れのよい受け皿となって安心の感覚を強めてあげましょう。子どもが感じることが何であれ、ただ聞いて理解します。あなたの仕事は、子どもの感情を「修正する」ことではなく「注目する」ことです。子どもは感じるということに正直になると、感覚や感情が自然なタイミングで動いていくのです。

過去、現在、未来のお絵かき

過去に閉じ込められることを防ぐのに役立つ他の方法としては、時間の動きを子どもに実感してもらうようなお絵かきがあります。これにより子どもがどのように未来を捉えているかも分かります。大きな画用紙を3つに折り、折り目が縦になるように置きます。片方の列の下には「過去」、真中の下には「現在」、残りには「未来」と書くように指示します。そしてそれぞれ、かつての生活、今の生活、未来はどうなるか、この3つを描いてもらいます。

小さな子どもには、紙を折って文字を書いてあげましょう。悪いことが起きる前が「過去」、今どんな気持ちかが「現在」、そして明日はどんなかが「未来」と簡単に説明しましょう。

子どもの未来が恐ろしく描かれていて、それが過去と似ていたら現在を描いたものを使い、「今・ここ」に焦点を当てましょう。そしてどんな感覚かを聞いて、それに集中し、どう変化したかを教えてもらいましょう。もし不快であれば、それが変化するまで、先に示した提案を使ってみましょう。心地よい（または少なくとも耐えられる）感覚を感じられたら、子どもの「未来」の捉え方が変化したかを聞いてみます。もしいい変化をしていたら、別の紙に新しい「未来」を描いてもらいましょう。それを見て、また新たなもっと心地よい感覚や気持ちが出てくるのをしばらく感じてもらいましょう。準備ができるまでは、無理に心地よい感覚を味わうように誘動しないでください。自然に感情が変化する時間を取りましょう。自然のリズムに従えば、（おとぎ話のヘンゼルとグレーテルが小道に石を落としたような）道標を見つけやすくなります。それは、子どもが暗い森の中でも家路につけるように、あなたに託したものなのです。

第4章

状況にあわせた対処法——遊園地の乗り物から動物に噛まれたときまで

トラウマは一般的には、大惨事や長期にわたる虐待によって起こると思われています。もちろんこれらの有害な出来事はトラウマになり得ますが、それだけではありません。ある特定の状況がどのように神経系に受け取られ、処理され、そして伝達されるかが問題なのです。ですから、カタリナハリケーン、イラク戦争、9・11のテロ、そしてインド洋の津波のような恐ろしい出来事の後でさえ効果的な感情の応急処置があれば、子どもの急性ストレス反応が慢性的なストレス障がいにならずに済むのです。

同時に、ソファからのちょっとした転落、ささいな自動車事故の車内、通常の医療処置で、不快な様々な症状の長期化や回復力の欠如を招くこともあります。恐ろしい出来事ではなくても、子どもの成長する神経系が恐怖で圧倒されることがよくあります。応急処置がなければ恐怖は強く刻印され、子どもの通常のストレスに耐える力に影響を及ぼします。そして時を経るにしたがい様々な問題が起きてきます。そのなかには、自信のなさ、欲求への耐性の低さ、強い不安感やほかの気分障がい、そして注意欠陥／多動性障がい（AD／HD）といった行動の障がいまで幅広くあります。

しかし子どもが自信、喜び、そして回復力を持ち続けるためにできることは、たとえ災難のあとであってもたくさんあります！　本章では子どもの日常につきものの事故や転落、そして医療処置にどのように助けの手を差し延べられるかをご紹介していきます。手術に際して子どものトラウマを軽減するための準備も示していきましょう。最後には子どもをいじめから守る秘訣もお伝えします。ここで示す応急処置は既述の出来事のみでなく以下のアルファベットで示されるものとそれ以外も網羅できるでしょう。遊園地の乗り物（Amusement park rides）、いじめ（Bullies）、衝突（Crashes）、歯科治療（Dental work）、エレベーター昇降（Elevator rides）、落下（Falls）、銃撃（Gunshots）、椅子からの転落（High-chair tumbles）、予防接種（Inoculations）、くらげに刺されること（Jellyfish stings）、ボール蹴りでの負傷（Kick-ball injuries）、迷子（Lost at the mall）、医療処置（Medical procedures）、急降下（Nose dives）、手術（Operations）、遺失物（Possessions lost）、喧嘩（Quarrels）、ローラースケートでの転倒（Roller skating slip）、縫合（Stitches）、扁桃腺摘出（Tonsillectomies）、傘で突かれること（Umbrella pokes）、火山噴火（Volcanic eruptions）、暴力の目撃（Witnessing violence）、X線機器（X-ray machines）、お任せ項目（Your choice）、シマウマに噛まれること（Zebra bites）。

事故や落下への応急処置

事故や落下はおそらく潜在的にトラウマになりえる最も一般的なものです。とりわけ転倒は成長していく上での自然な一部分でもあります。事実、乳児から幼児になるとき、歩けるようになるには何度も転びます。均衡から不均衡、そして歩行に拍車をかける均衡といったことを繰り返します。落下や事故は避けようのない場合もありますが、後のトラウマ症状は簡単に防ぐことができるのです。覚えておいてほしいのは大人にとっては大きなことでなくても、子どもにとっては、ケガの有無にかかわらずショックを受けていることがあるということです。子どもは「泣かない強い子」になることが親を心配させないことと思い込み、感情をひた隠しにするのです。

落下のほとんどは圧倒されるものではありません。バランスを崩しかけると身体は、危険な着地を避けようとしてくれます。特に、ケガや傷がなく、ささいな落下なら感覚への気づきを使うことで「応急処置」ができます。このように「ストレスがもたらすもの」によって回復力を培っていくことができるのです。しかし着地があまりにも衝撃が強く、危険なものであると恐怖の反応が高まります。

事故や落下への応急処置は第2章で示した段階的ガイドをもう一度読んでみてください。わずかな予防はたくさんの治療に値するほど大事なものなのです。

8つのステップによる応急処置のガイドライン

1．自分自身の反応にまずとりかかりましょう。

（このステップは、第2章でも言われていたように、いくら強調しても足りません）。

自分自身の恐怖や心配がどれくらいかに気づいて下さい。次に深呼吸をして自分が対応できるようになったと感じるまで落ち着きましょう。感情的だったり、過保護過ぎる大人は子どもをかえって落下や事故そのものよりも怖がらせます。飛行機での緊急時には子どもより「自分の酸素マスクを先に装着する」ことを思い出してみましょう。

2．子どもをそのまま安静にしておきましょう。

安全上の理由やケガの状態により、子どもをもち上げたり動かすことが必要な場合は、適切に補助されているかを確認しましょう。子どもが自分で動けそうでも、動こうとしたら止めてください。恐らくショックの中にいて、身体はアドレナリンが湧き上がっているので、ケガの深刻さを実感していないことが多いのです。ですから、穏やかに自信に満ちた声で、彼（女）を守るために何をするかが分かっていることを伝えましょう。セーターやブランケットを使って肩や上半身を巻き、暖かさと快適さを保ってください。頭をケガしている可能性がある場合は、医師が許可するまで眠らせてはなりません。

3．安心と休息の時間をたっぷりとるよう心がけましょう。

子どもが、ショックのサインを見せていたら特に重要です（見開いた目、青ざめた顔、速いまたは浅い呼吸、見当識の異常、過度に感情的か過度に無感情、または何もなかったようにしていること）。起き上がって遊びに戻ろうとしていたら止めましょう。あなたはリラックスして、静かに、落ち着いて何をするのが良いのか、子どもに知らせます。「落っこちたあとはね、リラックスして、そのまま座って（または横になって）ショックがなくなっていくまで待っているのが大事なんだよ」。やさしくて自信のこもった声は、あなたが何が最善かを知っていることを子どもに教えてくれます。

4．子どもを抱きかかえるときに注意したいこと。

子どもが乳児だったり、まだとても小さいときは、あなたは抱っこしているでしょう。しっかりと、でもやさしく窮屈でないように抱え、あまりなでたりゆすったりするのは控えましょう。なぜなら、身体が自然に回復するのを妨げることがあるからです。もう少し大きな子どもには、自然のプロセスを邪魔せずにサポートと安心を与えるために、心臓のすぐ後ろのあたりの背中の部分、または肩の近くの上腕部に手を置くのが良いでしょう。温かい「癒しの手」はあなたの落ち着きを子どもに伝達してくれます。もちろんこれは子どもが、触れられることを受け入れている場合の話です。

5．ショックが去ったら、子どもに感覚を意識してもらいましょう。

（ステップ5と6は、第2章ですでに示したトラウマの予防と癒しの中核です）。

感覚の言語を使って、脳の本能を司る部分に働きかけることで回復はもたらされます。感覚を鍛えるのは新しい言語を習得するようなもので、時間をかけて練習する必要があります。また触れることと同じく、声のトーンも重要です。子どもには身体でどのように感じるかをやさしく聞いてみてください。応えてくれたら、それを繰り返して「身体では大丈夫って感じるんだね？」と言ってうなずきや他の反応を待ってみましょう。その次の質問ではもう少し絞って「お腹（頭、腕、足、など）はどう感じているかな？」と言います。

はっきりした感覚について言及したら、やさしくその位置、サイズ、形、または重さ、を聞いください。これらの感覚が何を意味するかは気にしてはいけません。大事なのは子どもがそれらに気づき話せるということなのです。「その石（鋭さ、かたまり、恐ろしさ、ひりひり）は今どう感じる？」など、今この瞬間に留まる質問をしましょう。もしあまりに年齢が幼かったり、しゃべれないほどショックを受けていたら、どこが痛むかを指してもらいましょう。

6．質問中は1～2分間の沈黙をもちましょう。

保護者の方々にとってはここが最も難しいかもしれませんが、子どもにとってはとても大事なことです。これこそが過剰なエネルギーを放出して完了に向かわせるサイクルを子どもの身体に起こします。サイクルが終わったことを知らせる合図に注意しましょう。これらの合図とは、深いリラックスした自然な呼吸、泣いたり震えたりが鎮まること、ストレッチ、あくび、顔色が戻ってくること、笑顔、周りを見回すこと、または目を合わせてくることです。もう1つのサイクルが始まるのか、それともここで終わったほうがいいのか、直観に従ってみましょう。あなたの見えないところで、子どもの神経系にはたくさんのことが起きていることを心に留めておいてください。

7．応急処置のあいだは事故や転落についての話し合いはやめましょう。

あなた自身の不安や心配を和らげるために、質問をして子どもに不運なできごとを話すように促すことは控えましょう。「話すこと」は過度に活性したエネルギーの放出に必要な休息の時間を妨げます。身震い、振動、そして寒気などの不随意な感覚が、静かな待ちの時間に落ち着きへとつながるサイクルを起こすのです。

放出が起こったあとは、子どもは話したがるかもしれませんし、絵を描いたり遊んだりするかもしれません。たくさんのエネルギーが動いていると解放は続きます。次のサイクルは気づかないほどかすかなものかもしれませんが、休息は（もっと話したり、遊んだりすることよりも）完全な回復をもたらします。身体がかすかに震えていたり、熱を発したり、肌の色に変化がみられたら、神経系がバランスを取り戻している証拠です。

これらの変化は自然に起こります。「どうしたの？」と家族のメンバーが取り囲んでしまっては、落ち着きを提供することは難しくなってしまいます。そんなときあなたは、簡単にそして丁寧に、「今じゃなくても大丈夫だよ。あなたの妹が少し休んだらあとで話そうね」などと言いましょう。子どもに（または子どもの前で）事故の詳細を話すことは、すでに過覚醒になっている神経系に負荷をかけ、不必要な恐怖心を与えることになります。これが癒しのプロセスを中断させてしまうのです。もし兄弟が愛情を示したがっていたらあなたが、「じっとしていれば大丈夫だよ」や、「泣いてもいいんだよ」、「そのうち気分がよくなるからね」と落ち着けるような声かけのお手本を示してあげてください。「あの階段で遊んだらケガするって言ったでしょ」や「なんて不器用な子なの」などの恥をかかせるようなことは言ってはいけません。

8. 子どもの身体の反応が自然であることを伝え続けましょう。

子どもの涙や震えを止めようとする誘惑に負けないでください。起こったことが何であろうとそれはもう終わったことで、すぐに大丈夫になることを伝え、一緒にいてあげましょう。バランスを取り戻すには自然に解放が終わるのを待つ必要があるのです。普通これは1分〜数分間かかります。

あなたは落ち着いた声と安心を促す手で子どもに「怖いことを振り払ってしまうのはいいことなんだよ」ということを知らせてあげましょう。邪魔したり、気を紛らせたり、強く抱きしめすぎたり、または遠くに動かしすぎたりすることはやめましょう。

どのくらい長くかかるの？

小さな落下や事故には第2章で示したやり方で必要なことは網羅されています。これは事故や落下への比較的簡単な8つのガイドラインなので、その場ですぐにできます。例えば、家の前の歩道でローラースケートしていたあなたのお子さんが足首をひねったとしたら、氷と毛布を持ってきて（安全であるならば）すぐやってみましょう。身体がショックを完了するのに5分〜20分位必要です。毛布や氷を与えた後、子どもが温かさと安心を感じて、震えが起こってくるのは自然なことです。数分間休息すると歯がガタガタし始めたり、ショックの解放を意味する涙が頰を伝ってきて、そのあと安心のため息が出たりします。

転落や事故が緊急の医療処置を要するときには、応急処置のステップは病院に行く車中や救急車の中でもできます。いったん、子どもがショックの過剰なエネルギーを解放したら、救急外来や診察室でどんな処置がなされるかを説明して、準備するのがよいでしょう。簡単で的確な言葉を選び、子どものためになる処置であることが分かるように伝えましょう。例えば、子どもに縫合が必要なら、ちくちくするけれども驚くほどすぐよくなることを教えてあげましょう。痛みから気を逸らすのにどうするかを練習するのもよいでしょう。あなたの腕をぎゅっと握ると特別な「おくすり」が出て、痛みが風船のように飛んでいくのを一緒にイメージします。この章の「子どもを落ち着かせ癒す言葉の力」の箇所を読んでタイミングの取り方と言葉の選び方の参考にしてください。

ショックを受けた子どもを助ける魔法のタッチ

子どもの身体反応をよく見ることで、身体をサポートする際に効果的な介入ができるようになります。タッチは使い方によって、ショックから戻ってくるための自然のサイクルを助けることもでき、また、妨げてしまうこともあるのです。乳幼児の場合はひざの上に安全に抱っこしてあげてください。もう少し大きい子なら、肩、腕、背中の真ん中あたりに手を置いてもよいでしょう。あたたかい大人によるタッチは子どもに安心感を与えます。しかし、自然に起こってくる解放を妨げるような強い抱きしめ方は避けましょう。子どもにタッチをするときに意識したいのは次の点です。

・子どもが独りでないことを伝える安心とあたたかさ
・地面を感じ、落ちついていて中心を感じている大人とのつながり
・あなたの恐れによって子どもが解放と安堵へ向かうのを邪魔せず、子どもの感覚、感情、不随意の動きに任せることができるという自信
・子どもの身体が独自のペースで解決と回復へ向かうという内なる叡智への信頼

あなたの「身体からの言語」は言葉よりも重要です。なぜなら、わたしたちは社会的な生き物なので、特に緊急時においては周りの反応で事態の深刻さを理解します。子どもはあなたの表情を読むだけではなく、安心感覚をあなたの状態から察知するのです。分かりやすく言うと、安心させるか恐れさせるかは大人の顔や姿勢次第です。

しっかりした支え手になりたければ、あなたはびっくりしてうろたえたりせずに自分の反応に敏感になりましょう。あなたが応急処置を練習する機会は現代生活にはたくさんあります。例えば、車が衝突しそうになったとき安全なところに車を止めて、安心と落ち着きの感覚が戻るまで待ってみましょう。これは暴力を目撃したとき、落下やケガ、ショッキングなニュースを聞いたときなど、そのほかのストレスの多い出来事の際に、そして恐ろしい映画の最中でも試すことができます。

子どもを落ち着かせ癒す言葉の力

青天の霹靂のようなことが起こると、人は変性意識状態に陥りやすくなり、とりわけ周りから言われることに影響されやすくなります。もちろん、麻酔を要する医療処置においては、人工的に変性意識になります。あなたが言葉、タイミング、そして声のトーンを上手に使えば、回復のスピードを速めることもできるのです。これは出来事がどんな恐ろしいことであっても変わりません。

言葉での応急処置で絶望的な状況から救い、おびただしい出血を止め、そして火傷の傷跡さえも残らないようにもできるのです！[1] 言葉次第でわたしたちは安心もすれば、より緊張もします。言葉というものは日常をロマンティックにすることもできますし、血圧を上げたり下げたり、そして笑いや喜び、または涙や悲しみをもたらすこともできるのです。

ここでは言葉を賢く選ぶために役立ちそうなことを挙げてみました。あなたは声のトーンで、子どもがおかれている状況を理解していることを伝えましょう。そして、次のようなことを言ってみましょう。

・あなたに起こったことを受け入れ、共感しているということ
・孤独よりも安心とつながりを感じるようなこと

・（実際にそうであるなら）起こったことが終わったということ
・エネルギーの解放や移り変わりがあるまで、感覚に気づきを促し、過去から今に「時間を動かす」助けになること
・対処するのを助けるような資源について思い出させること（資源については第3章を参照）

何かが起こったとき、簡単に子どもに何が起きたか正直な言葉で語ってください。例えば、落下の際、小さい傷口から出血がかなりある場合などは次のように言います。「落っこちて本当にびっくりしたね？　この小さい切り傷から血が出ちゃったね！　きれいにしようね。冷たい布を当てて血を止めると気分がよくなるよ。そうしたら好きな色のバンドエイドを選ぼうね。大丈夫だから安心していてね。もしやりたかったら自分で貼ってもいいんだよ」（もう少し大きい子には、「バンドエイドを自分で貼ってみる？」）

そしてケガの応急手当が済んだら、青ざめた顔色、冷や汗をかいた手のひら、浅い呼吸、そして見開いた目などの子どもの身体の反応を見てみましょう。子どもはまだ少し動揺した状態だと思うので、座らせておくか、横になったままにしておくのがよいでしょう。そしてこんなふうに言ってみます。「大変だった部分は終わったよ。切れちゃったところはもう治っちゃった！　でもまだ震えているみたいだからね、…（震えや呆然とした状態など）それがなくなるまでパパがそばにいるよ。ぶるぶるしたり、ガタガタしたり、震えたりするかもしれないし、…もしかするとくすくす笑いがこみ上げてくるかもしれな

いね。一緒にいるから（またはひざの上に座っていていいから）、最後の涙（またはそわそわやぶるぶる）がなくなるまで待っていようね。ママには後で、何があったかおもしろいお話（または子どもが好むなら絵）を作って教えてあげよう」。

エクササイズ——言葉の力を体験する

言葉というものは、特に無防備なときや弱っているときは記憶の中に深く刻まれるものです。あなたの人生の浮き沈みの時に聞いた言葉を今思い出してみましょう。ここでは、そういった言葉があなたにどれだけ影響があったか、どのようにあなたの人生を形成したかを振り返ってみます。

A

1．短い文章で、何かが起こったときあなたを慰めるために発せられた言葉、タッチ、ジェスチャーそして行動してくれた人について覚えているかぎりを書いてみましょう。あなたの元気を回復させてくれた言葉や、してくれたことをなるべくたくさん詳細に書き出しましょう。

そして休息ができるような快適な場所を見つけてください。今書いたことを思い出して、自分の身体がどんな感じか、そして感覚、感情、思考、イメージに気づきを向ける時間を作りましょう。集中して思い出しているとき、あなたの身体や姿勢はどうなっていますか、思い出に関してどんな感覚があなたに心地よさを伝えていますか？

このエクササイズをやる中で不快な経験が思い出されることもあります。それは感情の記憶を刻み込んでいる扁桃体という脳の部分が、強烈な体験を蓄えているのです。うれしいものであれ、不快なものであれ、強いインパクトの経験はこの部分に残されているのです。

ですからあなたが大人からの慈しみを本当に必要としていたのに、無下にされたことを思い出すかもしれません。あなたの苦しみを理解できなかったのが親や家族だったときは特に胸が痛むでしょう。そんなときは、次のエクササイズをして異なる経験をつくっていきましょう。自分の傷を自分で癒せたら、子どもとのかかわりにおいて無意識に悪循環のパターンを繰り返すのを防げます。悪循環から抜けるためにあなたは本書に出会ったのです！

B

1．短い文章で、あなたにひどい出来事があったときに慰めるどころか余計に苦しめた言葉、タッチ、ジェスチャー、その行動をした人、もしくは気づいてくれさえしなかった人について思い出したことを書いてみてください。

2. 今書いたその不快な経験にとどまらずに、「反対の」乗り越えさせてくれるようなものを想起してみましょう。思い出せるイメージ、言葉、感覚そして感情。浮かんでくるものを抑えず、**新しく出てきた反対のシーン**を展開させましょう。この際、たくさんの癒しの詳細を取り入れてみてください。どんな言葉、タッチ、ジェスチャー、そして行動があなたに安心をもたらしますか？何が一番過去の痛みから、慰めてくれたり、気分を和らげたり、落ち着かせてくれますか？当時聞きたかった言葉や、見たかった行動を**今**自分にしてあげてください。自分の子どもにもやってあげたいと思うようなやり方で**今この瞬間**に自分を癒してあげましょう。

3. 休息できる心地よい場所を見つけましょう。新しい回復をもたらすイメージであなたの身体はどうなりましたか？感覚、感情、思考、イメージに意識を向ける時間を持ってください。今体験していることに留まると身体の内側や姿勢はどうなっていますか。大人の資源を使った前向きで楽しい気分の記憶はどんな感覚か、覚えておきましょう！

聴くこと、体験を語ることで感情に取り組む

さらに状況が深刻で複雑な場合、子どもの感情のケアが必要な状態が長引くこともあるでしょう。事故や転落が仲間の目の前だと、子どもも大人もしばしば戸惑って恥ずかしくなり、居心地悪さを感じたりします。また家屋、洋服、特別な所有分を破損してしまった場合は羞恥心や罪悪感が強くなります。医療やほかの出費がかさみ経済的に家族に負担をかけているときも同じような気持ちになります。

感情の応急処置が終わって子どもが休んで落ち着いたら、体験について話す機会を持つようにしましょう。その日の終わりでも、次の日にでも、また新しい感情が湧き上がってきたらでもよいのです。恥や罪悪感のほかに、よく子どもは怒り、悲しみ、恐れを感じます。それらがごく自然なものであることを知らせ、注意深く聴けば、それだけであなたがよく理解していることが伝わります。**子どもの気分をよくしたり、変えようとしたりはしないでください。**不安定なときに「一緒にいる」あたたかい親やほかの大人の存在があれば、感情は自然に変わることを信じてください。子どもはこうして不快感への耐性をつけるだけでなく、たとえ不満な状況にあっても諦めない力を伸ばすのです。

事故や落下の症状に直接働きかける

落下の場合は、子どもと大きくてやわらかいクッションを使って安全な落下を練習してみましょう。真ん中に立ってもらい、クッションで囲みます。そしてそばにひざをつき子どもの首、肩、背中の下のあたりなど落下をコントロールできそうな箇所にやさしく（しかし、しっかり）手を置きます。子どもを安全に支えられたら、ゆっくり倒れてもらいましょう。緊張していたり、目を見開いていたりしたら中止してください。座ったままで左右から始めて前後にやさしく揺れる「ゆらゆらゲーム」をしようと誘ってもいいかもしれません。子どもに**あなたを**前後に揺らしてもらい、あなたが中心に立って（前、後ろ、横というように）クッションに転がってみましょう。その後で子どもにあなたの腕のなかやクッションに少しだけ倒れてもらいます。

誘導された落下と安全な着地を含むこの種の遊びは、よい防衛運動を育み、自信を取り戻すのに役立ちます。こうした落下からの回復によって、内なる均衡感覚をもう一度確立できます。子ども用のバランスボールは一連の「均衡－均衡を崩した状態－均衡」を練習できます。ボールのときもやわらかいクッションを床に敷いて、やさしい着地の練習をしてもよいでしょう。子どもは目を開けて、脚を開いてしっかりとボールに座った状態から始めてもらいます。軽く左右に揺らすとどうなるかみてみましょう。子どもは自分の腕、脚、胴を使いバランスをとっているでしょうか、それともあなたの支えを頼りにしていますか？　もし、どこか緊張していたり、堅くなっていたら、あなたが隣にいなかった場合を想像してもらいましょう。そしてバランスが取れるようになるまで練習しましょう。子どもがリラックスして上手になってきたら、次は目を閉じてやってみるように提案しましょう。いったん落ちる感覚が分かると身体が落下しないように準備し、腕、ひじ、手首、手、ひざ、脚、足首、足を衝撃が小さくなるような位置に着けてくれます。この種の遊びであなたが子どもを支えるとき、子どもが〝大胆〟に落下しても驚かないでください。

もし子どもが激しく恐れてもっと準備が必要なら、例えば、ゾウのベーバーさんが椅子から後ろに倒れるなど人形やお気に入りのぬいぐるみを使ってシーンを少し再現してみましょう。第3章のサミーのところを参考にしてください。このようなごっこ遊びをするときは、子どもの反応に気を配ることが大切です。**成功した感覚でいつも終わり**にし、必要とするだけの助けを加えてください。ぬいぐるみの番があなた、兄弟、友達などと順々に替わっていくのもよいでしょう。

子どもが自信を取り戻すのに役立つ動物の詩

もし子どもが激しく落下し、救急外来に行かなくてはならなかった場合は、「凍りつき」や「閉ざしている」状態から子どもを助けるために、時間や忍耐、そして介入がもっと必要になります。子どもが自信を取り戻す一番の方法は、さらに閉ざしてしまわぬように、とにかくゆっくり働きかけていくことです。子どもが落ち着いたり、力強さや安心を感じられるように作られた自然と動物の詩が第3章にあります。次の詩は恐れによって、自分を守れなかったことによる恥、気後れ、不信感を払拭するために作られました。お友だちである動物たちも、わたしたちと同じような反応をすることを子どもに教えてあげましょう。

次の詩にあるように、オポッサムのオスカーは「凍りつき反応（または「死んだふり」）」というとても重要な生存のしくみを教えてくれています。事故や落下で子どもがたたかえないときや逃げられないときに、守ってくれるのはこの本能的な反応です。不運なことにこの反応は、子どもにも大人にも、しばしば臆病さや弱虫というふうにみられがちなのです。オポッサムのオスカーの詩は子どもに「凍りつき」は、自然なものであるだけでなく、一番賢い選択であることを教えています。

小さい子が、オスカーが死んだフリをしてコヨーテを出し抜いたことを聞くと2つのことに気づきます。1つは「凍りつき反応」はポジティブなもので力づけられるということ。2つ目は、身体の反応を恐れずに凍りつきから抜け出すオポッサムを知って、自分も凍りつきから恐れや恥の感情なしに抜け出せるということです。無力感や異常に思えるような不随意の反応を経験しても、これを思い出すことで自尊心を失わずに済むのです。そして少しの時間と忍耐で、こういった経験がまもなく震えによって「解消され」、安心や笑顔が戻ってくることを知って心強くなります！

次の詩のオポッサムのオスカーは自分を守るために一時的に凍りつき、そして敵がいなくなったら簡単に身体に溜まっている「過剰なエネルギー」を振り落すことを子どもに教えてくれます。

オポッサムのオスカー

オポッサムのオスカーは**どろりとした蜜のようにゆっくり**です。
みんなが過ぎ去っていっても、ゆっくり進みます。
コヨーテを見ても、彼は**走れません**。その代わり、
ボールのように丸まって、**死んだフリをするのです！**

もうお分かりですね、そうやってオスカーは逃げるのです。静かに横たわって。丘に一目散に**走って登って**いくようなうさぎとはちがうのです。

しかし、オスカーの内側ではすべてのエネルギーが**湧き上がって**います。

息を殺すことで死んだフリをしているからです。

オスカーみたいにボールのように丸くなることはできますか？

息をほとんどせず、すごく小さくなって。

縮こまっている間は寒くて孤独。

コヨーテが噛みつかないことを願いながら！

提案 子どもと一緒に何か自分より大きくて速いものに追いかけられていくのを想像してみましょう。子どもには何が追いかけたがっているかを聞いてください。トラ、くま、それともほかの動物や怪獣かもしれません。そして逃げるのではなく、固いボールのようになって、できるだけじっと静かに縮こまり、騙して猛獣が去るのを待ちましょう。隠れるのが上手なので見つからず、死んでいるようにみえます！　おしゃべりはせず、できるだけじっとしている感覚が感じられる時間を取ってみてください。そうするとその後で力が抜け、呼吸が戻り、筋肉が解き放たれてリラックスと安心の感覚が訪れます。

そして詩は「凍りつき」の前後に起こってくる自然な感情を感じるお手伝いしています。

こんな気持ちになったことがありますか？
走り去りたいのに、そこにいなくてはならない。
そんなときは**怖い**、それとも**悲しい**、それとも**腹立たしい**？
パパとママに感じたことを話すことはできそう？

提案　ここを読んだ後で、子どもは正直な気持ちや考えを打ち明けてくれるかもしれません。たくさん時間を取りペースを落とし、注意深く観察し、そして聴きましょう。あなたがいかなる感情も大事にしていることを知らせましょう。子どもの気持ちが分かったら判断や修正をしないことで安心感を与えると、さらに深い感情と子どもは向き合えます。「ほかにどんなことを感じたの？」や、「パパにほかに怖かったことを教えて」、または「ママにもっと教えて」など、自由に質問をしてください。
コヨーテのチャーリーとオポッサムのオスカーの詩は続きます。

怖がらなくたっていいんだよ

オポッサムのオスカーは身を低くし
しかし身体の**内側**では、飛び出す準備ができています。
コヨーテのチャーリーがやっといなくなると
オポッサムのオスカーは**起き上がり**、身震いをしました。

オポッサムのオスカーが**振り落とすように震えて**います。
まるで小さい地震のときの地面のように。
少しの間身震いをすると、
新しく生まれ変わったかのように、
笑いながら歩いていくではありませんか！

〈ささやくように〉コヨーテがいなくなって、もう**起きて**走っていけるんだよ。

でも、**はじめは**おひさまのしたで**身震い**をして**振り払ってみよう。**

そしてジャンプしたり、スキップしたり、足を踏み鳴らしてもいいね。

または草原で遊んで、元気にはね回ってもいいね。

次に**心臓**や**胸**から**血液の流れ**を感じてみよう。
あなたはもう**安心、お休み**しても大丈夫！

提案　子どもに身震いと振り払うふりをしてもらいましょう。初めは動きを誇張してやります。活発な動きを楽しんだあとで、横になり、休ませて体内のエネルギーとその流れを感じてもらいます。これによって心地よく温かな感覚がもっと感じられるようになるでしょう。

自動車事故に働きかける

子どもがどんな種類の事故にあったとしても、引き起こされた「エネルギーの過剰状態」に働きかけ、そして恐れを解消させる必要があります。子どもが不快な体験や物事を思い出すようなことを見聞きすると、どの事故の要素が子どもを圧倒させているかが分かるでしょう。関連性が明白なときもあれば、そうでない場合もあります。

ショックと否認の時期が終わるまで、数週間は症状が出ないことがあります。だから「活性化の要因」をゆっくり取り入れれば、子どもがさらに圧倒されるのが防げます。次の例は自動車事故に働きかけをしています。これは、様々な年齢や状況に応用できるでしょう。

まずは、チャイルドシートをリビングに持っていきましょう。乳児は腕に抱き、幼児となら一緒にゆっくり進み、だんだん座席に近づき最終的には座らせてみます。ここでは非常にゆっくり段階を踏んで、こわばってないか、そっぽを向いていないか、息を殺していないか、または心拍数が変化していないかなどの反応を見ることが鍵になります。避けたいものや恐れを起こすものに慎重に近づきながら、第2章で紹介した段階の4から8を使うのもいいでしょう。あなたのリズムが子どもとあっているかを確認し、あまりにもたくさんのエネルギーや感情が一気に解放され過ぎないよう心がけてください。子どもがさらに緊張しているようなときがそれにあたります。もしそうなってしまっていたら、やさしく安心のタッチ、抱っこ、またはゆすってあげて落ち着かせましょう。疲れたように見えたら中止してください。すべてを一度にやる必要などないのです！

スポーツなどの事故のあとで子どもを助けてくれる詩

子どもはあなたに理解されていることを実感できると、あなたのひらめきや導きをよろこんで受け入れます。あなたや知りあいの人の似たような体験を聞かせてあげるが役立つのはこの時です。ほかには、この本で取り上げられているようなおはなしや詩を作ってみるのもいいでしょう。例えば、次の「ドーリーのおはなし」は自転車から激しく転倒し圧倒されてしまった女の子が主人公です。使い方の1つには、子どもと一緒におはなしを作るときに、子どもの年齢、必要性、そして状況に合わせてアレンジしてみてもよいでしょう。ほかの使い方としては、このおはなし（または別のお話やお絵かきなどでもかまいません）を苦しみが長引く原因を探るために使うこともできます。「ドーリーのおはなし」をゆっくり読みながら、子どもの反応や言いたそうなことを注意深く捉えてください。目が大きく見開かれていないか、身体が強張っていないか、「このお話、嫌い!」と言わないか、この本をパタンと閉じようとしていないか、または、妙な興奮をしてないか、怒っていないか、などです。子どもがドーリーの転倒への反応にうなずいていたら、同じような経験をしていて、その気持ちを感じているのかもしれません。反応を見ながらお話を少し中断したり、不快な感情の表出が安心感へ変化するまで、落ち着いて一切批判などせずにいましょう。そして一緒にいて感覚や感情を感じてもらいます。

読み終わったら、子どもにおはなしの絵を描いてもらい独自のストーリーを作ります。もし子どもが絵が描けないほど幼ないなら、どのように感じるかをなぐり書きしてもらいましょう。色の揃ったクレヨンかマジックを用意して、落書き、円、ギザギザ、曲線やまっすぐな線など様々な線のお手本をみせましょう。子どもは自分の気持ちを自然に線で表現し始めます。

ドーリーのおはなし

くつろいで座ってね。いまからお話を始めるよ。
大好きなお友達のドーリーという女の子はね、
野球チームでファーストを守っているんだ。
夢は新しい自転車を買ってもらうこと。

お誕生日が来て、その夢は叶ったよ。
青くまぶしく光る新しい自転車に飛び乗って、
さっそく、道を走ったんだ。
速く、もっと速く、すると自転車は石にぶつかった。

車輪がスリップした！　と思ったら、サドルから投げ出されて、
道に強く打ちつけられた。
ズドンと落ち、
ひざが血で覆われているのが見えた。

泣きたくても、声が出ない、
息もできず、身体も動かない。
そう、ひざに血を見て、
オポッサムのオスカーのように、彼女は凍りついた。

その日の夕方、ドーリーは落ち込んだ。
悲しくなって、そしてすごい怒りもこみ上げてきた。

新しい自転車のことがあまりにも一瞬で
転ぶ以外は何もできなかった。

ドーリーは何も悪くないのに、自分を責めた。
自転車のことを考えると、恥ずかしくなった。
もし、こんなことがもしあったら、
あなたならどうするか、パパやママにおはなししてみて。

提案 似たような状況であなたのお子さんはどう対処するかを話し合ってみましょう。そして先ほどの動物のお友だちのときのように身体の感覚や気持ちが変化するのを感じていく大切さを思い出してもらいましょう。そしておはなしは転倒の後へと続きます。

もし震えが起こったら、あなたはジャンプできるし、
走ることもできるんだよ。
ウサギのように隠れてもいいし、おひさまの下で遊んでもいい。
キックしたり、泣いたり、笑ったり、感じたり、
踊ったり、歌ったり、側転をしてもいいんだよ！

癒しのおはなしを作るために

第2章のトラウマ症状を予防するための段階的なガイドにはやるべきことのすべてが網羅されています。けれども、子どもが出来事によってひどく恐怖を感じた場合、症状はあなたの努力にもかかわらず深刻になることがあるでしょう。トラウマの応急処置をしても子どもの混乱が続いている場合はおはなしやお絵かきが有効です。

おはなしを使うときは、まず大人は（大人の視点で）何が起きたかを語ります。次に子どもにおはなしの付け足しをしてもらうか、子どもの視点で語ってもらうように促します。はじめは話したがらない子どもも、「それは起こったこととちがうよ。本当は――――だよ！」と大人の言ったことを訂正するのは好きなのです。子どもが圧倒されているときは、いつも表現される共通の要素があります。それらをドーリーにも見つけることができます。

・出来事の前の興奮
（詩「お誕生日が来て、その夢は叶ったよ」「さっそく、道を走ったんだ」）
・実際の衝撃の前の恐ろしい部分（エネルギーが活性化しているところ）

（詩「速く、もっと速く、」「石にぶつかった」「車輪がスリップ」「サドルから投げ出され」）

・実際の衝撃

（詩「道に強く打ちつけられた」「ズドンと落ち、」）

・出来事から来る（もしあったら）ケガや恐怖

（詩「ひざが血で覆われているのが見えた」）

・凍りつき反応

（詩「泣きたくても、声が出ない」「息もできず」「身体も動かない」「オポッサムのオスカーのように、彼女は凍りついた」）

・複雑な感情

（詩「ドーリーは落ち込んだ。悲しくなって、そしてすごい怒りもこみ上げてきた」）

・避けられない罪悪感や羞恥心

（詩「自分を責めた。」「恥ずかしくなった」）

・圧倒されるような感覚や感情による過剰な活性化からの解放

（詩「もし震えが起こったら、あなたはジャンプできるし、走ることもできるんだよ」「キックしたり、泣いたり、笑ったり、感じたり、」）

・楽しさが伴うトラウマの解決

（詩「踊ったり、歌ったり、側転をしてもいいんだよ！」）

大人は出来事そのものにしては不釣合いにみえる子どもの反応に、しばしば困惑することがあります。しかし、それを真剣に受け止めてあげることが重要です。なぜなら子どもは過去に起こった未解決のことに再び触発されていることがよくあるからです。そういうときは、これを絶好の機会として、子どもが幼かったり、または圧倒され過ぎて対処できなかった状況に類似する最近の出来事に働きかけていきましょう。身体は乳幼児期のときのすべてを記憶しているのです。言葉を獲得する以前の経験は非言語の記憶として、子どもがつくるおはなしやアートに罪悪感、恥、心配が表れていることがあります！

おはなしにもっと働きかける

とても小さい子どもには、しばしば、おはなしのなかでその子に見立てた架空の子ども、動物、人形を使うのが最適です。これは、起こったことへの怖さを和らげ、必要な距離を保つ役割を果たしてくれるからです。おはなしには、一度に1つだけ、怖い要素を入れてください。例えば、階段から落下したことで未だに圧倒されているようなら、様子をみながら階段に関する部分を入れてみましょう。架空のキャラクターがおはなしの中で抱く感情や反応に、子どもがひきつけられているかを見てみましょう。もし引き起こされた感覚や感情があったら、途中でも子どもがそれらに向き合うのを手伝ってください。もし、不安そうなら応急処置でお勧めした段階に従ってください。例えば、身体のどこで怖さを感じるか、色、大きさ、形を聞いてみましょう。あなたが感覚やイメージ、形、大きさが変化し最終的になくなるまで一緒にいることを確認してください。ここまでに挙げた要素で欠けていたり、トラウマ解決には不可欠だと思われる部分を補ってあげましょう。

医療トラウマを防ぐ

医療処置が必要な際に準備しておきたいこと

一般的によく見逃されている子どものトラウマは、通常もしくは緊急の医療処置によるものです。理想的なのは、ここでご紹介する知識をクリニックや病院のスタッフと一緒に使ってみることです。この協力体制が、処置や手術によって子どもが圧倒されてしまうことを防ぐ大きな役割を果たします。その前に、次の話を読んでみてください。

テディ

「パパ、パパ、はなしてあげて、はなしてあげてよ！　殺さないで！　逃がしてあげてよ！」と、10歳のテディが恐れおののいて叫び、部屋から一目散に飛び出しました。父親は手のひらに動かなくなっているトガリネズミを持ったまま、なぜだか分かりませんでした。それは、裏庭で息子のために見つけたもので、父親はテディに動物が生存のため「死んだふり」をするのを教える格好の教材だと思ったのでした。父は自分の悪意のない行為に対する息子の反応に驚き、長い間忘れていたことを息子が思い出したことに気づきませんでした。

テディの5歳の誕生日に、かかりつけの小児科医と古くからの友人が訪ねてきました。医師は地元の病院で撮ったテディが9ヶ月の赤ちゃんだったときの写真を誇らしげに見せていました。少年はチラッと自分の写真を見て、怒りと恐れに慄いて叫び、部屋から飛び出しました。どれだけ多くの大人たちがこのような子どもの謎に満ちた反応を目撃しているでしょうか？

テディが9ヶ月のとき、身体中を覆うひどい発疹が出たので、地元の病院に運ばれて固定ベルトがついた小児科の診察台に括りつけられました。動けないテディは専門家のチームに突かれたりえぐられたりして、まぶしいライトの下で恐怖に叫びました。その診察のあと7日間彼は隔離されました。一週間面会を許されなかった母親が病院に彼を迎えに行ったとき、テディは母のことが分かりませんでした。母親は、息子がこれ以降、自分ともほかの家族とも元のようにつながることはなかったと言っています。そして彼はほかの子どもたちとも関係を築くことができず、成長していくうちに孤独になっていきました。これだけがすべての原因とはいえませんが、9ヶ月のテディが経験した医療トラウマはシオドア・カクジンスキーの人格を形成した重大かつ決定的な要素だと言えるでしょう。シオドア・カクジンスキーは、「ユナボマー（訳注　連続爆弾魔で大学〔university〕と航空会社〔airline〕を狙うことからＦＢＩがこう呼んだ）」となり、テクノロジーに関わる多くの人々に爆弾を送りつけて有罪判決を受けました。おそらくは、彼を乳児のときに圧倒され破壊されたような非人間性への復讐でもあったのかもしれません。

トラウマになりえる病院での経験

子どもは適切な手助けなしには、目がくらむような光、身体を拘束する器具、手術機器、わけの分からない恐ろしい言葉を使うマスクをした怪物たち、そして薬によって誘発される変性意識状態に耐えられません。そして回復室で独りぼっちで目を醒まし、不気味な音がする電気モニターに囲まれ、時々訪れる見ず知らずの人々や、部屋のどこかから聞こえてくる痛みの呻きのなか、子どもは状況を把握することなどできません。これらの経験は乳幼児や幼少期の子どもには、知らないところから来た怪人に誘拐されるか、拷問されるのと同じくらいの恐怖でトラウマの原因になるのです。シオドア・カクジンスキーが乳児のときに病院であったひどい体験を知るうちに、彼が非人間的だとして挑んだハイテクへの「聖戦」（これは、完全に心得違いのものでしたが）が、どこからきているかが理解できるようになってきます。彼の反社会的殺人は文明技術をターゲットにしたものでした（実際、人から隔絶した森の住まいから彼のたくさんの声明文がありました）。しかし、その無作為な爆弾の標的となった犠牲者たちには何の罪もありません。このような犯行において、行き場のない怒りが多くの人々に被害を及ぼすのは、医療行為によるトラウマと両親との別離やネグレクトなどの子ども時代の複数のトラウマを持つ成人した大人の典型のひとつです（反社会的行動と子ども時代の複数のトラウマの関連性については原注（2）の本を参照してください）。

不幸にもこのケースだけでなく、入院や手術のあとで、子どもが孤独感や、絶望感に襲われて、理解不能な行動を取ることがよくあります。通常の医療処置でも長期にわたり行動上の変化を起こすこともあります。

それでは子どもが医療行為によってトラウマを受けたら、凶暴になったり連続殺人を犯したりするのでしょうか？　必ずしもそうとは言えません。トラウマを受けた子どもの多くは異常な犯罪を犯したりはしません。２つに大きくわけると「アクティング・イン」と呼ばれる、後に不安障がい、集中困難、鈍痛や激痛として現れてくる内在化で苦しみを示すか、もしくは、多動や攻撃性のような「アクティング・アウト」として苦しみを行動化するかのどちらかです。アメリカの雑誌「リーダーズ　ダイジェスト」には、父親が息子、ロビーが受けた「ささいなひざの手術」についての「すべては大丈夫じゃない」という題名の記事が次のように続きます。

医師は私にすべては大丈夫だといいました。息子のひざは大丈夫でしたが、すべては決して大丈夫なものではなかったのです。薬が誘発した悪夢にうなされ、病院のベッドを叩くわが子、彼は誰に対してもそんなことをしたことはありませんでした。野性動物のような目をして麻酔で朦朧としている中、看護師さんに「僕は生きているの？」と叫びながら問いかけていました。そして彼は腕を私につかませていましたが、父である私のことは誰だか分かっていないようでした。

悲劇的ですが、このようなことは珍しいことではありません。そして避けられたであろう症状を残していきます。1944年、デビット・レヴィ博士が日常の些細なことで医療処置を受けた子どもが戦争神経症のような症状を呈することを証明しました。[3] 60年後になってようやく（アメリカの）医療機関がこの情報の重要性を察知し始めたのです。年間におびただしい数の子どもにふりかかる不必要な医療トラウマを解決するのに一体何ができるのでしょうか？

事実、医療システムが変わってくれることを待たなくてもあなたが実践できることがあるのです。ひざの手術を受けた男の子の父親が、あなたがこれから習得していくようなことを知っていたら圧倒させられるような経験から息子を救い出すことができたでしょう。トラウマを受けた子は、医療処置の後から悪夢、多動、怖がり、しがみつき、引っ込み思案、夜尿が始まったりします。または強迫行為をするようになったり、さらには暴力的なひどいいじめをしたりなども見受けられます。ほかには慢性の頭痛、腹痛、またはうつ状態に苦しむこともあるでしょう。子どもの安心感を保つことに関心を持たないことが、後々の大きな被害を招くのです。

手術や医療処置の前に大人ができること

子どもは治療を受けている間、保護者に一緒にいてもらいたいものです。2000年6月の「USニューズ　アンド　ワールドリポート」は表紙の関連記事の中で専門家たちはこれに賛同するものの、同時に保護者がいることへの懸念を示すことも取り上げました。医療スタッフがチームの一員として、保護者に共にいて欲しくない理由としては、感情的で要求の多い保護者の存在が、かえって安全面や効率面を脅かし、さらに子どもを混乱させることがあるからです。

この記事はバンクーバーのブリティッシュ・コロンビア小児病院で子どもの痛みの研究をしている心理学者、レオラ・カターナーが書いたものです。同氏は脊椎補塡を受けようとする子どもへの痛みの緩和に従事しているのですが、すべての治療が不成功に終った非常に困難な事例があったことを報告しています。それは、彼女が周りを見回したときに「母親が自分の後ろで咽び泣き、何もせず、ただ〝うちの子に何をするの?〟というメッセージを送り続けていたことでした。母の恐れが邪魔をして、子どもを助けるためにやっていたことが無駄に終わったのでした[4]」。

保護者は処置の間、子どもを安心させ和ませ、ときには気を紛らわせることに努めることが大切です。そして不安そうにしないことが何よりも重要なのです! もしあなたが泣き崩れていたら、子どもにも恐れと涙を植えつけます。（**ちなみに子どもがケガをしたすぐ後と、医療行為を行う前とでは**、子どもが泣くことは恐れとショックを解放してくれるのですが）**処置の間は**、これは必要なことではありません!

医療に携わる人々は、保護者に部屋に一緒にいてもらうというのは比較的新しく、おそらく伝統的な医学校で教えられていることには反していると思われるかもしれません。しかし、あなたが落ち着いていれば、スタッフはあなたが子どもと一緒にいられる範囲を広げてくれるかもしれません。要求するのでなく共有することが大事です。医療処置の際、子どもの感情の安定のために保護者がチームの一員として参加できるようなクリニックや病院を選ぶことで、子どもの予後は全くちがったものになります。医療機関はといえば、その評判が回復に要する時間の短さと患者の満足度で上がります。おまけに短い滞在と早い回復がコスト削減になり、健康保険への負担も軽くなります。これはすべての関係者にとって好ましい状態なのです。

残念ながら手術やほかの医療処置で子どもがトラウマを受けることは珍しいことではありません。しかし、これから示す具体的な提案を使って破滅的な状況を減らしていくことを願ってやみません。次の3つの医療行為が子どもには特に恐ろしいものなのです。**(1)診察台に固定されること**(**特にすでに怖がっているとき**)、**(2)何が起こるかをきちんと準備せずに分からないままに麻酔をかけられること、(3)回復室でマスクをした「怪物のような」見知らぬ人と、または独りぼっちで目を覚ますこと。**保護者は、注意深く下準備をすることで、子どもが心地よくいられるお手伝いができます。次に示すことで子どものパニックを大幅に減らしていきましょう。

医療トラウマの予防の要点と何が子どもに最善かを知ったら、担当の医師や看護師たちにもその知識を使って話をしてみましょう。あなたと医療従事者が医療処置や手術の**前に、間に、そして後に**できることをまとめました。

手術の前に準備できること

1．子どもの欲求に敏感に対応できる医療機関を選択しましょう。どの医師も施設も同じではありません！　精査する時間を持ちましょう。子どもが困っていたり、むずかっているときに威圧的でなく、やさしさと遊びごころ、気晴らし、そして誠実に、子ども**と向き合う**医師を見つけましょう！　小児科医の言動から、子どもの心配を増幅させず和らげてくれる人物かどうかの見分けがつきます。

子どものためのワーカーを置いているところがいいでしょう。おはなしやごっこ遊びを使って子どもを準備させてくれるところもあるでしょう。とても小さな子どもには外科医や麻酔科医とプレイルームで会わせてくれるところもあります。あなたが探し、利用しやすく患者中心のところを見つけてみましょう。あなたは消費者なのですから！

2. 起こることへの準備を子どもにさせてください。詳細を話し過ぎない程度に教えましょう。子どもは、起こることを知っていたほうがうまく対処できます。医療現場で驚かされるのは子どもにとってよくありません。痛くないよ、と言って実際に痛い思いをさせるのは、子どもの信頼をなくすことになります。あなたを信用できなくなることで、恐怖は最高潮に達するのです。手術を経験している子どもや10代の若者を見てみると、手順の説明をキチンと受けた場合は、驚くほど恐れが軽減されます。

3. 子どもが手術着やマスクをつけていない**通常の服装の**医師（特に外科医や麻酔科医）と前もって会えるようにしましょう。ほかの星から来た怪獣としてではなく自分を助けてくれる人間の医師と出会えることが大事なのです！　もし可能ならば医師の衣装を子どもに着せてあげるのもよいでしょう。それが無理なら、使い捨ての手術用マスクを子どもか、人形、お気に入りのぬいぐるみに着けてあげましょう。

4. 子どもに準備させるようなプログラムが病院にあってもなくても、あなたが患者着を子どもに着せてあげて「病院」ごっこをすることもできます。パペット、人形、お気に入りのぬいぐるみに手術着を着せて手術と称して家で予行演習をしてもよいのです。担架に乗り、注射を受け、麻酔の準備をします。ほとんどのおもちゃ売り場で人形、聴診器、注射針がセットになった「お医者さんセット」が購入できます。

5. 麻酔による変性意識状態に入るときと醒めるときの練習を感情と身体の両方でしておきましょう。初めに子どもが経験するであろうことをおはなしにしてあげることで感情面の準備ができます。例えば、冬眠ぐまさんは手術用のパジャマを着ると、くまの看護師のナンシーにマスクをつけてもらい「特別なお薬」を腕の血管に入れてもらいます（または飲み薬か錠剤かもしれません）、それで**とてもとても速く**眠りについて手術の間は眠っています。何も感じないのはそのためです。冬眠ぐまさんが起きたとき、とてもとても変な感じがしました。朝、お家で目を覚ますときとはちがって、起きるのにとてつもなく時間がかかる感じでした。そしてとてもとてもゆっくり、もやもやしてボーっとした感じから戻ってきました。くまさんはママやパパ、それに看護師のナンシーを見つけ、それから何かおいしい食べ物を探しました！

（保護者は麻酔科医に子どもがどのように麻酔をされるのか、きちんと聞いておいてください。子どもが目醒めたときに可能であれば、回復室にいてよいか、それが不可能ならば、誰が子どもといてくれるかを確認しておきましょう）。

大きい子なら、ハリーポッターなどのお気に入りのキャラクターを使うのもいいでしょう。ハリーなら「魔法の注射」をされると眠くなってスリザリンから受けたひどいダメージから驚くほど早く回復する、などと言ってもよいでしょう。または眠り姫のようなおとぎ話のキャラクターを使うこともできます。子どもがキャラクターに自分を重ねているか、ファンタジーの世界を一緒に楽しんでいるかを確認しながらやってみましょう。

続いて、身体面に起こることへの準備です。注射や静脈への点滴はちょっとの間、ちくりと痛むので、前もって痛みを麻痺させるクリームを使えないかと聞いてみることもできます。もし可能なら、どこにどうクリームが塗られて、目的は不快感を軽減させるものであることを説明しましょう。薬品によっては、目が廻ったり、浮いたりするような感じがすることを事前に説明しておくことが**特に大切です**。この感覚に慣れるために、まず子どもに横になってもらい、リラックスしてゆっくり呼吸させ、吐き出すときは5からさかのぼって一緒に数えます。吸うときは鼻からの空気で肺が風船のように膨らみ、そしてお腹まで広がっていくのをイメージしてもらいます。吐くときは口から息をすべて出すという感じです。そうして落ち着いたら、雲に乗って浮いて、羽のように軽い感じを想像してもらいます。空飛ぶ絨毯にゆったりと乗るのを思い浮かべるのもいいですね。もし水が好きな子なら、プールでビニール製のマットに乗って浮いているところや、いかだで海に出ているところを想像してもらってもよいでしょう。

麻酔による眩暈のようなふらふら感に慣れるにはほかの方法もあります。子どもに（目隠しをして最初は廻るゲームのときのように）やさしく、ゆっくり1～2回廻ってもらいましょう。そして休憩し、違和感について気づきを促します。もし回転椅子があったら、ゆっくり一回転して、その感覚に耐えられるかを観察してください。もし難しいようなら落ち着くまでの時間を与え、後で半回転をさらに時間をかけて挑戦し、新しい感覚に耐えられる力をつけてやってください。

量販店では子どもが座って回転速度と回数を調整できるようなおもちゃがたくさんあります。廻るのを楽しむおもちゃを使うと、子どもは早く慣れてくれます。保護者は子どもが楽しくてやり過ぎてしまわないよう気をつけてください。ここでの目標は、子どもに病院で経験するような感覚に慣れてもらい、予期せぬことに恐れ慄かないように準備をすることです。

6．局所麻酔が使われるのかどうかは確認してください！　様々な調査で（全身麻酔で完全に意識がない状態よりも）切開部分に局所麻酔を施すことで、早い回復の促進と合併症を減少させる効果があることが証明されています。(5) 残念なことですが、この比較的簡単な処置はまだ日常化されておらず、簡単な手術であっても、局所麻酔のメリットを利用せず全身麻酔が行われています。ある特定の処置で全身麻酔が必須のときにも、局所麻酔を一緒にすることが大事です。医師と保護者が連携し、このようなやり方を医療機関に主張していくこともできるでしょう。もちろんどのタイプの麻酔がどう施されるかを手術の前によく話し合っておきましょう。局所麻酔のみで済み、子どもの恐怖が極力少なくなるのが最善です。

これに関連して、カリフォルニア大学サンフランシスコ校のメディカルセンターでわたしたちのトレーニングを修了した1人が小規模の試験的な試みを行いました。小児リウマチ部門の外来患者は、非常に苦痛を伴い、そして繰り返し行われる処置を恐れるので全身麻酔を施されていました。しかし、試験的試みで、前述したようなテクニックを使ったところ、全身麻酔なしに子どもが処置を受けられる確率が劇的に上がり、動揺なしに多くの子どもが治療を受けられるようになりました（詳しくは第8章で触れます）。

手術の日にできること

1．保護者は医療スタッフに手術前後にどのくらい子どもと一緒にいられるかを聞いてみましょう。手術前の薬を投与する間、そして意識のある状態から「ぼんやりした状態」になるまで一緒にいてあげられるのが最善です。

2．子どもを診察台に固定させたり、恐れているときに麻酔をしては絶対にいけません。心理的にも神経系にも深い傷を残します。落ち着くまでなぐさめて、医師に抱きしめていいかと頼んでみましょう。子どもを固定させることが必要な場合は、きちんと説明してからでも大丈夫かを確認しましょう。動けないことと恐怖が一緒になると子どもは圧倒されます。これがトラウマの原因なのです！

3．医療スタッフも保護者も、理想的には子どもが目覚めたときに保護者がそばにいるべきだということを知っておきましょう。子どもは回復室で、1人で目を醒《さ》ますべきではありません。この時どこにいるか分からなくなってしまい、パニック状態になる子どもがたくさんいます。なぜなら変性意識状態にいるので、自分が死んだか、何か酷いことがその身に起きたのだと錯覚してしまうからです。保護者と医療関係者で誰が子どもの意識が戻ったときにいてあげるかを決めておきましょう。そして前もって子どもにそれを伝えましょう。保護者の付き添いが全く不可能なら、（すでに子どもが知っている）看護師か誰かを強くお願いしてみましょう。独りで回復室で目を醒ますのは大人でさえ恐ろしいことなので、子どもにとってはなおのことです。

そして一緒にいてあげる人は、場所や時間について優しく教え、手術が終わったことを伝えましょう。子どもが麻痺しているとか、身体が変だとか、何かが歪んでいると言ったら、手術の後ではそれが普通で、ずっと続くわけではないことを知らせて安心させましょう。子どもが身体の境界の感覚を取り戻せるように上腕部に触れたり、軽くやさしく筋肉を握ってあげることはとてもよいことです。

手術が終わったらできること

1．何より休むことが回復を早めてくれます。子どものすべてのエネルギーが身体の回復へと向かう必要があるので休むのが望ましいのですが、子どもには理解が難しいでしょう。遊びたがったら、たくさんの休憩を促しながら静かな遊びをしましょう。

2．子どもが痛がっていたら、よく聴いてあげて、そして身体のなかで痛くない箇所または痛みが比較的ない箇所を見つけてもらいます。痛い箇所からそうでない箇所へ気づきを移動します。これが痛みをしばしば和らげます。一緒にハミングして歌を歌い、または手や身体の部分を軽めにトントンして子どもの気を紛らわしてください。いろんな色の風船が痛みを空へ飛ばしてくれるというイメージを使うのも効果的です。

医療処置が緊急のとき

1．差し迫った危険が過ぎ、例えば、あなたが子どもと救急車に乗っていたら、まずは、あなた自身の反応に気づきを向け、落ち着く時間を取りましょう。あなたは今や助ける手段を持っています。自分の震えをまず落ち着かせ、呼吸が平常に戻るのを待ちましょう。自分自身の落ち着きを取り戻すのがあなたの最初の仕事です。

2．次に子どもに大丈夫であることを伝えて安心させます。お医者さんが、血を止めたり、骨折を治したり、そして痛みがなくなるようにしてくれることなどを伝えましょう。

3．医療処置の直前になったら、子どもの気を紛らしてあげましょう。好きなお話をしたり、お気に入りのおもちゃを持ってきたり、または公園のようなお気に入りの場所について言及して、よくなったら行く計画を立ててもいいですね。子どもが痛みを感じていたら、自分で拍手のように手をたたいたり、歌ったり、身体に軽くふれてやさしくトントンしてみましょう。また痛みのない所や少ないところを聞き、そこに気を向けてもらいましょう。泣いてもいいんだよ、と伝えてください。

4. もし、子どもが理解できそうなら、病院で何が起こるかを教えましょう。例えば、「お医者さんが傷口を縫ったら、血が止まるんだよ」とか「看護師さんが薬や注射で痛みをどっかへ飛ばしてくれて、気分がよくなるからね」などです。

救急外来を調べておく

病院のほかのどこよりも救急外来が恐怖の場所といえるのではないでしょうか。処置自体はうまくいっても、その性質から独特な雰囲気が本当に怖くて忘れられないというのはよく聞きます。待合室や処置室で、子どもが瀕死の重傷を負っている大人を目撃してしまうようなつくりの病院もあります。家族の方々には、緊急時に備えて、近郊の病院（都市部ではいくつかあるはずです）を下見しておくことをお勧めします。たぶんそのケアの質と雰囲気のちがいに驚くと思います。ある大きな町では3つの病院があり、それぞれが20分以内の範囲に点在しているので、さっそく見てきました。1つは完全に秩序を欠いており、たくさんの大人が家庭内暴力や銃による負傷で訪れていました。ほかのもう1つは、前者よりはましで快適な待合室があり、たくさんの患者が待っていました。3つ目はというと、子どもの身体とともに心のケアにも関心がある素晴らしいところでした。

3つ目のところは、子どもと大人を別にした2つの待合室と診察室がありました。子どもの待合室は子どもが好きそうな色とりどりの壁画があり、魚がいる大きな水槽があってケガをした大人の姿はありません。区切られているだけの大人の診察室とはちがい、子どものは他の子のケガの恐るべき光景や音、そして処置が見えないように個室になっています。これは採算がとれようがとれまいが、子どもが不必要に悲惨な場面に出くわさないためのものでしょう。たった20分もかからない努力が、天と地ほどのちがいを生みます。救急車で運ばれるのでないならば、待合室での時間は移動時間の数分間の違いをはるかに超えます。あなたならどの病院を選びますか？

選択の余地のある手術

不必要な手術については、それだけでもう一冊の本ができるくらいあります。かつては扁桃腺摘出や弱視の手術など一般的なものとみなされてきた数々の手術が今は疑問視されています。手術が本当に必要なのかどうか、必ずセカンドもしくはサードオピニオンを求めてください。ここでは詳細には説明しませんが、帝王切開についても考えてみてもよさそうです。処置について勧めている側とそうでない側の意見を読んだり専門家と話したりして、メリットとデメリットを考慮してみましょう。（わたしたちが書いた最初の本にさらにたくさんの情報とこのトピックに関する参考文献があります（文献6の10章）。もし初めての赤ちゃんか、次の子どもを望んでいたら、帝王切開、胎児期及び出産時に知っておきたいこと、そして乳幼児の発達について読んでみるのもよいでしょう)。

子どもの痛みに敏感になる

前述しましたが、すべての医師や医療機関は同じではありません。多くの小児科医が命を救うことと処置が正確に行われることに集中して、小さな子どもがどれだけ圧倒されやすいかを見落としてしまうこともあります。子どもが経験する恐怖や痛みへの繊細さを欠いた「すぐ終わらしてしまおう」主義は優先されるべきではありません。これには2つの誤った考え方があり、1つは、乳幼児は痛みを感じないか、覚えていないこと、もう1つは、もし痛みを感じたとしても、長期に渡っては影響を及ぼさないというものです! これらの楽観視が後に及した影響についてジェフという少年をみてみましょう。

ジェフ

思春期になると、ジェフはトラックや車に轢かれて死んだ動物を集めるようになりました。そして、それらの動物を家に持ち帰り、お腹を切って内臓を出しました。ジェフは4歳のとき、ヘルニアの手術を受けるため入院したことがありました。麻酔のマスクを顔につけるとき、怖がって医師に抵抗したので、彼は手術台に拘束されました。手術後から、彼は「参っていたよう」で、家族や友達とは引っ込み思案になって、ぎこちなくどこか秘密めいた気分で塞いでいました。章の始めのテディの話を覚えているでしょうか？　医療トラウマが有罪判決を受けたユナボマーであるシオドア・カクジンスキーの決定的な人格要素を作り上げたように、ヘルニア手術の恐ろしい経験が拷問、レイプ、バラバラ切断、そして犠牲者を食した連続殺人犯ジェフリー・ダーマーの人格形成にも大いに関係しているのではないでしょうか。

この2人の男性の両親たちは、息子たちの行動を理解するのに大変な悲しみの時を過ごしました。親たちは入院や手術のあとで、遮断し、孤立し、絶望的になって、理解不能な行動を子どもがするのを見ています。(7)通常の医療行為によるトラウマが、このような行動の変化を示すようになった原因として考えられるのです。

いい知らせとしてはすべての年齢の人々に痛みのより少ない治療を目指す医師、看護師、そして医療機関が増えてきているということです。お年寄りへの緩和ケアは実践されているのですが、小児医療はまだ遅れています。子どもの痛みについては十数年前に「発見され」たばかりです。それまでは新生児は神経系が未発達なことから痛みを感じない、小さい子どもはほとんど痛みを覚えてはいないとされてきました。その結果、18ヶ月の幼児が麻酔なしでの手術も含むような大変な処置を受けていました（実際のところ1980年代の半ばまで行われていました）。医師は子どもに呼吸器系の問題や依存症を起こすことを恐れて麻酔薬（訳注　ナルコティクス）を使うことを躊躇していましたが、(8)逆に無謀な治療によるトラウマによって社会的な関係を築けなくなり依存症に苦しむことになるという理解はありませんでした。

先見の明のある保護者や専門家が疑問に思い続けていたことが、今になってようやく発達科学の見地から証明されてきていると、2000年、USニューズ・アンド・ワールドリポートが伝えています。記事は、赤ちゃんが2つの非常に過酷なシステムを持っていると記しています。痛みを抑える神経伝達物質を作り出す機能が未発達なのに、痛みを完全に感じられる完成した神経系を持っているのです。仮に子どもが実際の痛みの経験を覚えていないとしても、身体は永久的に覚えているようです。小児・思春期医学の論文に、1998年の研究で、痛み止めなしで激痛を伴う骨髄の吸引を受けた子どもたちは、後に痛み止めを使って処置を受けても、さらなる痛みに苦しむことが分かりました。ボストンの小児病院で痛みケアをしている小児麻酔専門医のチャールズ・バーデは「(痛みが)早い段階での対処がされていないと、後でもっと痛みに苦しむことになる」と述べています。[9]

初めの「痛みの経験」が神経系に刻印され、そして後の処置の時にも反応を起こすのです。冒頭にあるトラウマの生物学的なしくみを知れば、小さな子どもは、たたかう－逃げるができないために最も圧倒されやすい生き物であるということが分かるでしょう。そればかりでなく医療あるいは手術自体がすべての年齢の人々にとって経験したことのない痛みなどを、見ず知らずの人の前や何もない部屋の中で体験するので無力感をもたらします。襲いかかる痛みに、じっと耐えていなくてはならない状況下では、恐怖によって凍りついて当然です！　ですから、ここではトラウマの処方箋をおさらいしていきましょう。

保護者ができる子どもの痛みを和らげる簡単な方法

・切開部分に、局所麻酔を施すことができるかを確認しましょう。医療機関によっては、静脈注射の際にもその箇所を麻痺させるスプレー（エレマックス）を使う良心的なところもあります。医師には子どもの痛みを和らげるために何をしてくれるのかを確認し、部分的な処置を希望してください。

・ぬいぐるみや人形を使い医師や看護師になりきって病気のわんちゃん、赤ちゃん、またはくまさんなどを助ける遊びをしてみましょう。これは子どもが痛みから気を紛らわすことができるよい方法であるだけでなく、事前にごっこ遊びをしておけば、子どもの心配の度合いが分かり、安心させるにはどうすればよいかのヒントが得られます。

・もっと大きい子ならリラックスの方法を教えてあげましょう。書店の健康コーナーや教師が使う教材を扱っているお店には、全身の緊張を和らげる方法を紹介したオーディオなどがあります。ほかには、手術中に聞ける楽しいハッピーな言葉や、サブリミナルなメッセージの入った音楽を収めたメディアもあります。また身体の緊張と弛緩を使った呼吸方法に焦点をあてたものもあります。

・魔法の絨毯に乗るなどの空想の冒険やゲームを使って、痛みを置いて飛び去るのを想像することは非常に効果を発揮します。空想を使い、細部を加え、楽しいイメージに集中してもらえます。

・痛みを和らげるために シャボンを吹いたり、やわらかいボールを握ったりすることで気を紛らわすこともできます。
・医療機関のなかには、バイオフィードバックを取り入れているところもあるかもしれません。しかし装置はなくても体温感知吸着パットがあれば、身体が暖かくなったり、冷えたりすると色が変わるので、強化因子となりリラックス効果を高めてくれます。

主張する10代の若者に応援を！

10代の若者に向けては素晴らしいビデオシリーズがスターブライト機構によって製作されています。病院生活がどのように展開されるかを示し、楽しく生活するための準備を手伝ってくれるでしょう。ほかには、（火傷による負傷、嚢胞繊維症、臓器移植、またはガンなどで長期の入院治療が必要な場合に）社会や学校生活に戻っていくなかでの不安を和らげてくれるビデオもあります。この率直で、気の利いた、楽しくそして元気づけをしてくれるビデオシリーズは**主張するビデオ**と言われておりウェブサイトで見つけることができます（巻末補足情報を参照）。病院生活の窮屈さに自分たちの権利を主張できるように励ますことで、「自分には何にもできない！」と嘆くよりも医師と上手にコミュニケーションをとっていく術を提供してくれています（スターブライト、１９９８）。若者の権利については、以下のものが含まれています。

・医師と直接話せる

・個人的に医師と話せる（もちろん**親抜きで**）
・「あいまいではなく」真実を伝えてもらえる
・**自分が**聞きたいこと、聞きたくないことを決定できる
・ケースとしてではなく、人間として扱われる
・心のなかのこと話せる
・医学的、社会的、身体的などんな質問もできる
・しっくりこないことを医師がしていたら、そのことを抗議できる
・処置について、何が起こるのかの説明が受けられる
・外見やスポーツをする能力に変化があるときなどに、薬の副作用について質問できる（そして答えが得られる）
・恥ずかしいときは、紙に書くか、親に言ってもらい医師に質問できる
・痛いと誰かに言える
・恐れ、希望、そのほかの感情を共有できる（自分の心の中だけに押し殺さなくてもよい）
・欲求や性格を知ってもらい、医師に個人として付き合ってもらえる
・医師を代えられる

とてもよくある苦情は、医師がしばしば10代の若者を「症例」として扱い、自己紹介を怠ったり、本

人が部屋にいないかのごとく保護者とだけ話したりすることです！　前述のビデオのなかで1人の少女が2番目の医師について「両親の前を通り過ぎて、自分と握手をしてくれて、あなたがここを乗り越えていけるように頑張るからね」と言ってくれたエピソードを話し、どれだけ信頼を持てたかを語っています。

若者たちが他の仲間たちに病院について聞きに行くエピソードもあります。例えば、ぎらぎらのまぶしい照明、病院着、食事などについて、ある子は、病院生活を「戦場と刑務所の混ざったもの」と表現しています。このビデオは陽気な雰囲気で、避けられない酷い事態に何を予測すればよいか、そしてどうかわしていけばよいかの準備をさせてくれるのです。思春期の子どもからのアドバイスが収録されていますが、一番の助言は何だと思いますか？　それは、たくさんの好きな音楽とプレイヤー（iPod）そして、イヤフォンを持っていくこと、もし長期になるなら自分のシーツ、枕、衣服をもっていくこと、医師への質問をノートに書き留めておくことでした。それと、「自分は単なる受け手ではなく、これは**自分の**人生の一部なんだ」と自覚することでした（「病院生活を乗り越えよう！」スターブライト、１９９８）。

いじめや学校での銃乱射に関する考察

身の毛もよだつ恐ろしい学校での銃乱射事件がまた起こりました（訳注　２００７年4月16日、バージニア工科大学銃乱射事件）。事件を知り狼狽し、恐れ、怒り、そしてもし自分の子どもの学校で起こったら…

もし、いじめられっ子がいじめを苦に自分の命と一緒になんの関係もない他人の命まで奪ってしまうようなことが起こったらと心配になったのではないでしょうか。統計的にはこのようなことが学校で起こるのはまれです。しかし、どこの世界でも学校にはいじめがあります。

事実、いじめというのはどこにでもあるので、わたしたちは誤って自然なことと思いがちです。ある程度の攻撃性（特に男の子に）があるのは普通のことですが、いじめは断じて違います！　地域でいじめに取り組むのはさえ容易なことではありません。ですがわたしたちは、あなたの子どもがいじめによってトラウマを受けるのを防ぐ手助けをするのみではなく、「いじめを寄せつけない」ようにしていく方法があることを知っています。「いじめを寄せつけない」とは、子どもがいじめっ子にも、いじめられっ子にも、ならないことです。

学校での惨事がなぜ起こるのかはここではさておき、いじめっ子たちやいじめられっ子たちの両方に共通していることがあります。それは不安、うつ状態、友達との社交活動からの引っ込み思案など、その多くが同じ年頃の子どもたちから仲間はずれにされたり、ばかにされたり、からかわれたりした経験を持っています。事実として、不安や、うつ状態、引きこもりは、しばしば未解決のトラウマの症状であることが多いのです。

また、家庭で無力感を感じる子どもが、その怒りの捌け口を幼い弟や妹に向けたり、近所や運動場の子どもに向けたりするのはよく知られています。よく、上司が部下に八つ当たりするときに生じるドミノ効果に似ていて、ストレスを受けた部下は、家庭で大きい子どもにイライラをぶつけ、その子どもは小さい兄弟に、そして、小さい兄弟は家族のペットにと、このように「いじめっ子の親」が家庭内にいじめを発生させていることが多いのです。校庭でのいじめっ子はしばしば虐待や身体的な折檻の犠牲者であることが多いのです。たとえ身体的な罰は与えなくとも、「威圧的なしつけ」は子どもの発達における欲求を抑圧し、ほかを痛めつけようとする欲望を生み出します。よって子どもには、ある程度他人に迷惑をかけず安全であれば、選択や決定、そして意志の遂行の自由が認められることが必要です。

次の章では、年齢と発達段階についてみていきましょう。子どもは2歳から4歳までは自然に自分の力を示そうとします。4歳頃には特に、計画を立てて実行し、何かを創造し、身体的技能も感じられるようになります。保護者たちが子どもの新しい能力や技術に賛辞を与えると、子どもはあなたに「披露する」時間が持てたという確固たる自信が育ちます。実はその確固たる自信が、子どものスペースに侵入してくるようないじめっ子を潜在的に思いとどまらせるのです。いじめっ子はよい境界を持つ強い子どもをターゲットにはしません。いじめっ子は特別なレーダーを働かせることができて、どこかに凍りついていたり、護りが弱かったりする子を察知するのです。この察知能力は、子どもの知能には関係がありません。事実、恥の感情に苛まれていて弱い子どもは、身体的な言語という非言語的な刺激で相手に脆弱さを伝えてしまっているのです。もうこの本を読んでお分かりだと思いますが、これは未解決のトラウマによることがしばしばあります。子どもは身体に気づくことを習得すると健全な境界を築き、いじめっ子を早めに察知して距離を取ることができるようになります。トラウマ予防にももちろん有効な身体への気づきによって、子どもは自然にいじめを寄せつけなくなるのです。

いじめの犠牲になる無邪気な子は、不安やうつ状態に陥りやすく沈黙のうちに苦しんでいることを覚えておいて下さい。本当にわずかではありますが、こういった子どもの苦しみが殺人的な気持ちに火をつけ、ほかの罪のない子どもたちと一緒に自分の命をも奪ってしまうことがあるのです。自分の苦しみを抑圧するうちに、子どもはさらに爆発しやすくなっていきます。したがって、子どもが沈黙のうちに恥、うつ状態、不安や引きこもりになって、あなたが手を施せない状態になっていたら、進んで専門家の助けを受けることが大切です。

いじめる側の子どもは幾分うまくやっていて、外見は自信があるように見えるのですが、内面では自己という感覚が脆弱であり、身体の頑強さと威嚇する力に頼っているだけなのです。これらのタイプの子どもには、暴力的ではない健全な力の表現方法を教え、他者への共感力を培うことを手伝ってやれる大人が必要なのです。

最終章で紹介する「集団で危機を乗り越えるために」では、学校での射撃事件や（自然災害などの）ほかの惨事の際にも地域で協力し、大きな悲劇に大人も子どもも一緒に対処できるようなヒントがちりばめられています。

第5章　年齢と発達段階——健全な育ちを応援することで子どもに自信をつける

子どもが圧倒されるような体験をすると、その出来事が終わっても発達に影響を及ぼすことがあります。一方、子どもの発達課題は圧倒されるようなことがなくても妨げられることがあります。子どもの発達段階に応じて何が求められているかを理解し、それを与えてくれる大人の存在はなくてはならないものです。成長には、感情と身体の両方が幸せでなくてはならないのです。

保護者自身が子どもの頃、発達の段階を経ていくなかで助けが得られなかった場合は、最初の子どもが受身の赤ちゃんから突拍子もなく走ったり登ったりして何にでも興味を示す時期になると憤りや不安を感じることもあるでしょう。2歳、3歳、そして4歳あたりまでは日々の反抗に消耗させられることがあります。また、5歳児が見せる「いちゃいちゃした」行動に挫折感を味わうかもしれません。10代の子どもを持つ親は、自分が小さいころに積み残した葛藤や問題に再び触れることもあるでしょう。

子どもの発達過程での欲求を満たすだけの知識や感情が洗練されていて、同時に境界線を引くことができる大人は、子どもの発達において痛ましい欠損を及ぼすことは避けられます。保護者としての感情の成熟とは、自分自身が子どもの頃に受けた傷を理解し、それを癒すことに積極的であることです。あなたの根源的な欲求が子どもの頃に満たされなかったとしたら、それが親の不器用さによるものであれ、明らかな虐待であれ、子どもがあなたの発達過程においての積み残しの地雷を踏む言動をすることは確かです。

自分自身の緊張や敵意が高まったときに、人間的な成長への道に向かうか、それとも家庭内不和や精神的に塞いでしまうか、それはあなた次第です！　幸運にも前者はあなたにも子どもにも恩恵をもたらします。

乳児の欲求に応える――安心と信頼の構築

怯えてうろたえている子どもにどう対応すべきか、それは年齢や発達の段階によります。乳児は最も脆く、か弱い生きものです。

はじめの半年は、子どもはすべてを親にゆだねています。持続的な世話がないと生存や成長は危うくなります。例えば、寒いとき乳児は本当に何もできないので、抱き上げてブランケットや布でくるんであげないと死んでしまうこともあるでしょう。赤ちゃんが激しく泣き叫ぶのは、タイミングを逸すると死に至る可能性もあるので、世話をしてくれる人とそういう形でコミュニケーションを取ら**なくてはならないのです**。これが、上手く赤ん坊をなだめられないと憂鬱や絶望さえ感じる所以でもあります。しかし、大部分の親がはらはらや心配を経て、自分の本能や衝動に従うことで赤ちゃんの欲することが分かるようになることを発見します。こうして親は直感的にわが子に即座の対応が必要かどうかが分かるようになってきます。この直観的な敏感さこそが乳児期のトラウマを最小限にし、安心と回復力の基盤となって小さな命を守り育てるのです。大人が安心と信頼という基盤となる感覚を与えることで、子どもは次の発達ステージへ向かう準備ができるのです。

幼児の欲求――「自分でやるの！」

赤ちゃんが9ヶ月頃になると、自分で基本的な欲求を満たそうとし始めます。例えば新生児は仰向けやうつ伏せに寝かされても、親が抱き上げてくれるように泣き叫ぶだけですが、9ヶ月頃になるとある程度は自分で寝返りが打てます。寝返りを打てるだけでなくハイハイもはじまり、最初の一歩への準備として家具を伝って歩きます。こうなると大きくなった赤ちゃんは、親の身体にきつく抱かれることに抵抗します。「そんなに強く抱きしめないで！」と大人の胸を強く押すような動きをします。

この頃から2歳のあいだは、心身は分離と自立の方向に舵を切ります。2歳児は、転ぶとなぐさめや助けを欲しますが、6ヶ月児にみられるような密着したやり方ではありません。2歳児は、もう少し

「スペース」を欲しがります。この時期はヨチヨチ歩きの子に、バランス感覚と失敗しても自信を回復できるように助けてくれる大人がいるという安心感も与えることが重要です。このスペースといったものが与えられないと、子どもは窒息したような窮屈さを感じ、さらに「魔の2歳児」になります。反対に親が、ちょっとした不運や災難のときに、注意を向けなかったり我関せずだと、この年齢層の子どもは（まだ自力で自分を助ける力が充分でき上がっていないので）どうしてよいか分からなくなり圧倒されて拒絶されたと感じます。

それぞれの発達段階での子どもの欲求を知っていることは、子どものストレスやトラウマにおいて援助する際に役立ちます。ショックを自由に解放できるように充分な手助けをしても、身体を強く抱きしめたり握りしめないようにしましょう。なぜなら敏感さを欠いた手厚いケアは、茫然としている幼児のなかに溜まっているエネルギーの自発的な解放を妨げます。同時に、苦しい時期を乗り越える際の子どもの自立心や自信をも挫いてしまいます。

わんぱくざかりの3歳、4歳とのかけひき

子どもが3歳から4歳頃になると、身体能力が新境地へと跳ね上がります。同時に尽きることがないような物語や芸術で新たな世界の喜びを表現する器用さが花開きます。これは「元気あふれる」発達段階です。この年頃の子どもは何にでも興味を示します。引っ張り出したり、押したり突いたりして、絶

え間なく人生を謳歌します。２歳児よりも好奇心旺盛なだけでなく機敏さも備えているので、どうなるか知りたいだけで、犬の尻尾やおばちゃんの足をひっぱったりします。子どもにとって人生は壮大で挑戦は続き、容赦ない力の摂理、特に重力とはずみに真っ向から遭遇します。甲高い声をあげながら、家中を走り回りおもちゃに躓いて、テーブルに頭をぶつけます。物理的な法則は、この年齢層には特に働いているようで、運動中の身体はそのままドアによって残酷にも動きが止められたり、さらに悪いことには窓ガラスに、ということもあります！

この頃の子どもは「意志」がはっきりしています。それは難しいことに立ち向かって克服していくことで、統制の感覚を学ぶからです。主導権、力や万能感といったものを発達させるのがここでの課題です。しかし、子どもが避けようのない転落などをしたときは、地から足をすくわれたような気分がするでしょう。子どもは圧倒されると発達課題のみならず、自己感覚そのものも揺らぎます。こんなとき大人が恥の感覚を使うと子どもをいっそう苦しめることになります。

親が過保護すぎる場合、子どもはケガそのものと不甲斐なさとで二重に傷を負いかねません。その反対に、もし大人が「助けないでおこう」と放っておくと均衡を取り戻せなくなるでしょう。これは保護者にとっては扱いにくい難しい作業なのです。秘訣としては、穏やかにただ一緒に傍らにいて見守ってあげることです。「かわいそうに…こんなことが起きて！」などと抱き上げたりはしないようにするのがよいでしょう。

さらに自分の意思の表現に見境がつかないのがこの年齢層の特徴なので、妹の目をつついたり、扇風機や電気のコンセントに指を突っ込もうとしたりなどの危険なことをするでしょう。元気よく三輪車で、お友達の家まで道路を競争するのに夢中で危険への認識がまったくないこともあります。ですから子どもにはきちんとした制限を設ける大人の存在が必要です。恥の感情が芽生えるのはこの段階です。恥というのは、2歳ごろから親が何が危険で何が安全なのかを教える（必要がある）際に生じるものです。それにより、子どもは社会的に何が認められて、何がそうではないのかを学ぶことができるのです。

あなたが子どもを叱ると、深い何かが子どもの身体や脳の活動に起こります。そうして、子どもはひどい感情を味わって、叱られたことを繰り返したくないと思うのです。命に関わることは直ちに伝えられるべきですが、同時に恥の感情のなかに置き去りにしたくはありません。子どもがいつも叱られていると、このひどい感情は日常のことになります。活力と喜びを破滅させるものは、恐れと恥です。保護者はここで（やったことに関しては）許しがたい行動として穏やかに叱りますが、**その子そのもの**については言わないようにしましょう。例えば「道路では、三輪車をこいじゃだめだよ、絶対やらないでね。…パパ／ママはすごくあなたのことが大好きだから、ケガして欲しくないんだよ」。子どもはあなたの愛情を声のトーンや身体言語から感じ取り、恥の経験から回復するのです。これが、あなたとのつながりを深め、子どもの行動が修正されていくのです。

子どもにとっては親の愛からなのか、それとも、怒りの混ざったあきれ顔で否定されるのとを比べると、全く異なる経験なのです。ですから子どもを叱る前に大人は深呼吸をして、はじめに自分の身体を感じてみましょう。あなたが自分の内側にキチンと意識を向け、行動を修正するために恥を正しく使うとき、子どものなかに力の感覚が育ち、その子の意志や豊かさを保ってくれます。親子関係を壊さないような健全な恥の使い方が、後に思春期になって子どもが復讐に出ることを潜在的に阻止してくれるのです。

このかけがえのない年頃の発達課題には、ほかにも性への同一感があります。もし、子どもがこの頃に過度で常習的に恥の感情を味わっていると、少年または少女であることの不快感となり、後に成人の男性・女性になることへの難しさにつながることもあります。したがって、不健全で有害な恥はジェンダーへの困惑や悲しみ、不快感をもたらしかねません（訳注　いかなる性的なありかたも尊重されるべきで、すべてのケースというわけではありません）。

4歳から6歳の少年・少女の恋の練習

性への同一感に加えて、4歳から6歳ぐらいになると異性の親に特別なつながりや魅力を感じます。ギリシャ神話のエディプスとエレクトラは、未解決の葛藤からドラマを繰り広げて不幸な結末に終わりますが、異性の親に魅かれるのは正常な発達であり、地域や文化を越えてみられます。そして、子ども時代の空想から抜け出せない望みのない恋をする人をエディプス・コンプレックスがあると言ったりします（もちろん、複合的な家族、同性の世帯の場合は、これらの発達段階はちがう表れ方をする場合もあるでしょう。」

特に5歳前後の女の子は、男の子が母親にするように大抵父親に恋をします。繰り返しますがこれは正常で健全な発達で、この歳頃の子どもは「異性の親といちゃいちゃする」ことが必要なのです。大人の性的な感覚ではなく、いわば思春期での恋愛を、安全な家庭で初めに試しているようなものです。小さい少女たちが父親に、「パパ大好き、大きくなったらパパのお嫁さんになって赤ちゃんが欲しい」などと言うのがこれにあたります。

この敏感で傷つきやすい歳頃の健全な発達には、父親なら優しく次のように言ってみる（意味を含ませる）ことです。「パパも、大好きだよ。パパのお嫁さんはママなんだよ。君が大きくなったら素敵な人が現れて結婚することもあるかもね。もし欲しかったら、子どもも持てるかもね。君がパパの子どもでよかったし、パパはずっと君のパパだよ」。

よくあるのが、この純粋な練習行為を誤解して上手に対応できていないことです。親が子どもの性への気づきを応援していくのではなく、恋人関係を思わせるような特別な関係を、語調、行動、または言葉で暗に示してしまうことがあります。先ほどの例で言えば、「そうだね、君は僕の大事なお姫様だよ。ずっと王子様でいるよ。でもこれは2人のちょっとした秘密だよ」のように言ってしまうと、気まずさや不適切さを残します。この「ご機嫌とり」的な対応は子どもにとっては戸惑いであり、親にとっても子どもの感情の成熟に必要なタッチや愛情表現を控えてしまいかねなくなるのです。

健全な性の発達にはしっかりした世代間の境界がなくてはなりません。子どもは、空想ではなく事実を受け入れられるような親の寛大な導きを受けるべきなのです。子どもは、エディプス期の葛藤には勝つのではなく敗れるべきなのです。子どもはロマンティックな幻想を諦めるのを嫌がるかもしれませんが、そうするべきなのです！　就学前にこの落胆を受け入れておく方が、手に入らない相手をいつまでも追いかける愚かな恋愛をする大人になるよりもよっぽどましです。

思春期の課題―私は何者なの？

10代というのは、本人にも保護者にとってもとても難しい過渡期です。思春期には、集団に属してさらに適応したいという社会的欲求が出てきます。加えて、先の発達ステージから2つの課題が再到来します。それらは、自立（9ヶ月から2歳半）と性への目覚め（4歳から6歳）です。小学生の間は多かれ少なかれ潜伏して比較的安定していますが、思春期に自然に起こる性への目覚めと親からの分離は、家族全体に不安や挫折感を引き起こすこともあるでしょう。これらの発達課題がうまく扱われないと、10代の青少年はさらに扱いにくいものになります。

自立に関しては、「魔の2歳児」が復讐に戻ってきます。特に早期の子ども時代に自己という感覚を感じる経験が乏しいと、極端な反抗、危険な選択、大人たちとの差別化を図ろうとして大胆な行動に出ます。ほかには、早期のトラウマがあったり、発達の欲求を見落とされた若者は、恐れから引っ込みすぎたり閉ざしたりして、親から離れられない場合もあります。または親を批判し過ぎて、世界に一歩を踏み出すことができないこともあるでしょう。このような若者たちは途方に暮れ混乱し、薬物乱用や性的な逸脱行動に陥りやすいのです。今まで以上に、ここでは保護者の助けが必要になります。

それでは苦しむ若者に大人ができることはなんでしょう？　まずは幼児期に発現するような自立心、好奇心、冒険心に気づいてあげることです。子どもの自立と統制の感覚を発達させるのに遅いことはありません。もし、幼児期に境界の設定が足りなかったとしても、この時期から制限を設けていくことはできるのです。その上で選択や自由を与え、責任感が見られるようになったら、さらに自由を増やしていってもいいでしょう。成長に合わせて決まりは柔軟に頻繁に見直されるべきです。双方に有効な取り決めをするときは高圧的な態度をとらず、あなたが子どもの話を聴ける感情の余裕をみせれば、子どもはあなたからの信頼を得ようとします。あなたの役割は励ましや安心、選択権、そして導きを与えてあげることです。

性被害、離婚、兵役、死別または拒絶による異性の親との別れ、または4歳から6歳の時点での不適切養育などで、健全な性の発達の機会が得られなかった10代の若者も、それを補うチャンスがあります。親は若者にとって、**大人**であるべきで、**仲間でも相棒であってもなりません**。大人自身が子どものときに性的トラウマがあったり、発達課題を達成できていなかったりすると性に関する境界は弱くなります。そうすると10代の子との関係の破綻が簡単に起きます。母（父）子家庭の母（父）親や血のつながっていない家族では、境界が曖昧になっていないかにさらに気をつける必要があります。子どもは子どもでいるべきで、パートナーがいない母親や父親の感情的な安定に努める必要などないのです。

前述したように10代という時期は、前段階の発達課題を再び訪れます。しかし、4歳から6歳の時点よりもはるかに性ホルモンが増加しています。親子関係の葛藤はさらに顕著になるでしょう。母親や父親は何年か前に自分たちが恋に落ちた、またはそれ以上にきれいだったりハンサムだったりする輝かしい若い女性や男性に向き合うことになるのです！　もし、親同士が性生活の不一致に悩んでいたりすると、この突然の10代の子への魅了は「近親姦な混乱」を起こしたりします。特に父娘関係では、父親は自分の娘に惹かれ、感情を表わしてしまうことが現実に起こるのを恐れます。父親はこの恐れから逃れるために、意識的にも無意識的にも身体的な温かい表現を抑え、距離を取り冷たくすることもあります。そして娘たちは、新たに芽生えてきた性と敏感な自己の感覚から、父親から見捨てられ拒否されたと感じます。悲しいことに、思春期の少女たちは、父親の愛情が一番必要なときに、それを得られないことが本当によくあるのです。

これらのぎこちない、しかし、起こってくる性的な感情をわたしたちはどのように扱ったらよいのでしょうか？　愛情を示さないことも、ないことにしたい感情を抑圧することもしたくないとしたら、どのような選択肢があるのでしょうか？　抑圧するとこの活火山のような力強いエネルギーは、やがて家族の力動に緊張感を生み、家族の中に摂食障がいなどの問題へと発展することもあります。また性的に表面化されると、性的不感症、性的不能、乱交などの歪みを呈します。できることの1つには、否認しないで、これらの感情があること、そして何より自然であることを認めることです。

否認と抑圧にふけるより、この自然な感情を自分の中に認めていくことで調節できるようになります。あなたのなかにこのような性的な感覚が起こってきたら、気づいてあげて、恥や批判を横に置き、普遍的に共有されている経験であるということを受け入れましょう。次に、これらの感覚が単なる純粋なエネルギーの波のように身体内を流れていくことを感じてみましょう。そうすれば、この活力のエネルギーは創造的なことに使われるか、あなたの配偶者やパートナーとの性的なつながりを再構築して高めることに使われることでしょう。気をつけて扱うことで、葛藤は驚くほど短い時間で変容します。この本で紹介されていた身体感覚を使うことで、あなたの感覚は、生命のエネルギーとして身体のなかを自由に動いていくのです。あなた自身がまだ性的な問題で苦しんでいるようであれば、自分の境界を強めるために専門家の助けを求めましょう。そうすれば家族内に健全な境界を構築する手本となり、次の世代に健全な性のあり方を伝達していくことができます。

思春期になる前に率直に子どもにセックスについて話しましょう。しっかりした境界を築くことができれば、集団からの圧力、デートレイプ、そしてほかの暴行からも身を守るのにも役立ちます。（早期の発見ももちろんですが）性被害のリスクそのものを低減させることはとても重要なので、第6章でさらに詳しく説明していきます。

第6章

性被害――リスクの軽減と早期発見に向けて

性的トラウマが及ぼす深い傷は、経験したことがない人には、その複雑さ、混乱、そして長い間の苦しみを想像するのが難しいでしょう。もし、それが子どもが信用していたり愛していたりする人によってなら、なおさらです。純粋な子どもが被害に遭ったとき、自己価値の認識、人格の発達、社交性、学業成績などに影響がでるかもしれません。そして、青年期から成人期に親密な関係を築くのが困難になることもあるでしょう。加えて、性被害を受けた子どもは、硬さ、ぎこちなさ、過度の体重増減などの症状を呈することもあるでしょう。これは、他者を閉め出すことで安全を確保しようとする意識的または無意識的な試みなのです。身体を感じると苦痛を伴うので、空想の世界を持つ、集中が困難になる、夢想する、そして解離することもあります。これらは恐ろしい出来事を封じ込める対処メカニズムなのです。このようにして、子どもは生き抜こうとするのですが、隠された傷が発見されて癒されないかぎり苦しみを抱え続けます。

この章では、気づくこと、予防すること、そして信頼を得ることで、子どもがあなたに必要なことを伝えてくれることを目指します。大人が性被害のトラウマの知識を深めていくと、子どもを保護し、健全な境界を築いていくことの助けができるようになります。そして、あなたの家族に健康的な性のあり方を形成していくための情報を提供したいと思います。必要とされるのは、子どもがタッチやセックスについて話をする際に、真剣に耳を傾けて、身体への気づきを促す、信用できるサポーティブな大人の存在なのです。

性的トラウマの症状

性被害にあった子どもにはさらに秘密と恥という「とばり」が加わります。実は、見ず知らずの人による犯行というのは10パーセント以下です。大部分は知っている人、そして信頼している誰かによるものなのです。裏切りの影響で、その症状は複雑になり、たいていの子どもは起こったことを秘密にしておくように言われます。さらに悪いことには脅されていることもあります。

怯えた子どもは言葉では教えてくれません。犯行が親、コーチ、教師、そして聖職者などの権威者からであると、子どもは自分自身を責めます。そして彼／彼女らは性犯罪者の恥をすべて背負い、罰、復讐、信じてもらえないことを恐れて痛みを隠します。口は閉ざされていても、子どもは被害にあったことを様々な「サイン」で知らせてくれています。下記のことに注意してみましょう。

1. 年齢にそぐわない性的な行動。例えば、人前での自慰行為、性交の模倣、大人への誘惑的で官能的なジャスチャー、ディープキスまたは大人の生殖器を触ってくること。
2. 以前は子どもが楽しんでいたある特定の人や場所に一人で取り残されることを突然、拒否したり、恐れたりするようになったとき。
3. ほかの子どもから離れたり、友達を作るのが困難になってしまったとき（被害にあった子どもは遊び場で一人でいることを好み、先生、アシスタント、カウンセラーなどの安全な大人にまとわりつくようになる）。
4. 生殖器と／または肛門のあたりの痛み、やけど、かゆみ、痣。
5. 性感染症が疑われるような膿。
6. 子どもからの直接的でない暴露。例としては、「ミサのお手伝いはもうやりたくない」「ジルのお父さんは、くまさん模様の下着を履いていたよ」「男の人が誰かの口にペニスを入れるのはどういうこと？」など。
7. 夜尿症、指しゃぶりなどの退行行動、睡眠や摂食の困難などの症状。集中の困難、夢見心地、空想の世界に住むこと、様々な解離状態。
8. 日常的なイライラ、急激な感情の移り変わり、極端な恥ずかしがりや気取りに見られる性格の変化、恥や罪悪感、または秘密を持っているようなそぶり。

〔身体的、性的な虐待は専門家のサポートを必要とします。しかし、子どもがセラピストを必要とするかどうかはさておき、大人がトラウマを防ぎ、癒すためにできることはたくさんあります。〕

子どもは安全だと感じる方法で聞かれるまでは、性被害にあったことは話しません。親は子どもの信頼を得るために努めなくてはなりません。次のことをしっかりと子どもに理解させてください。

1. 子どもの身体は本人のものであり、それを見るのも触れるのも許可なくできないこと。
2. 被害にあったことをあなたに言っても怒られたり、罰せられたり、黙らせられたりせず、信じてもらえること。
3. 子どもの感情は理解され（見落とされるのではなく）、さらなる危害から守られること。
4. **決して**それが、子どもの非**ではない**こと。

性被害のリスクを軽減するために

性的トラウマの原因は、明らかな性的暴行によるものから、子どもの境界に侵入し困惑させようと企む大人の欲望まで多岐にわたります。保護者自身が未解決の性的なトラウマに苦しんでいたり、健全な性のあり方のモデルがなかったら、タッチ、愛情、境界、性欲について、恐れや緊張なしに、子どもに伝えていくのは難しいでしょう。そして大人自身が、ある人や場所が安全か潜在的には危険かを感じる機会が乏しいと、子どもとの話し合いの場を持つことも、助けの手を差しのべることにも躊躇しがちになってしまいます。

しかし、きちんとした親の助けがあっても、子どもが１００％性被害に遭わないという保証はありません。事実、１９５０年代の過去のリサーチでさえ、４人に１人が性的トラウマに苦しんでおり、その大半が13歳以下ということでした。女性に関して言えば、そのリスクはもっと高くなります[1]。次にスーパーに買い出しに行ったとき、この統計をぜひ思い出してください。もしあなたやあなたの子どもが被害に遭っていたとしても、明らかにあなたがただけではないのです！　もし子どもが性被害のトラウマに苦しんでいたら、ぜひそのケアに精通している専門家を見つけてください。

ほかの子より危険にさらされやすい子どもはいるのか？

保護者、地域、そして学校が「危険な見知らぬ人」には気をつけるように子どもに注意をしています。しかし悲しいことに、事実として性暴力は見知らぬ人によることはめったにありません。ほかにも見直すべき神話には、女の子だから気をつけてとか、性被害は思春期かそれ以降に起こる、などがあります。統計にばらつきはあるものの、就学前や就学年齢の子どもの性被害の件数には目を覆いたくなります。

およそ10%の性被害が5歳以前に起こり[2]、8歳から12歳までの子どものほうが、13歳から19歳までよりも多く報告されています。30%~46%の子どもは何らかの形での性被害を18歳までに受けているのです[3]。**文化、社会的・経済的ステータス、宗教に関係なく性被害は蔓延っています。**「外からは完璧に見えるような家族」にも起こりえますし、あなたのすでに知っているいい人が加害者である場合もありえます! もし子どもが大きくなるまで、または、あなた自身がただ躊躇しているという理由で子どもに性暴力について話すのを先延ばしにしているとしたら、ここからの情報が、あなたが話し合う際の自信になればこれほどうれしいことはありません。

秘密と恥という2つのジレンマ

先ほども言及したとおり、子どもの性被害には秘密という「とばり」が加わります。**85%~90%の性被害と不適切な「境界への侵入」は、知り合い、ないしは信頼をしていた人からです**[4]。よって、裏切りにより症状は複雑化します。子どもは口封じをされなくても(脅されなくても)、しばしば、困惑、恥じらい、そして自責から話をしません。純真さから、自分が悪かったと思い込み、性犯罪者に属するはずの恥を自分で背負ってしまい、その上、お仕置きや復讐にまで怯えるのです。また、家族の一員(または地域)の誰かをかばい、犯罪者たちに何が起こるかを心配していることもあります。子どもが頼っていたり愛していたりする家族のメンバーの場合にはとくにです。

家族の一員でなくても危害を加えたのはよく知っている人、という場合が多くあります。近所の人、年上の子どもたち、ベビーシッター、親の交際相手、親戚または義理の家族、そして家族の友達。もしくは、名声や社会的地位のある人、宗教の指導者のような人、教師、スポーツのコーチなどの場合もあります。例えば、2004年2月のBBCニュースが報じたところによると、アメリカの青少年が聖職者から性被害を受けたのは11000件にのぼり、4000人以上の聖職者による犯行でした。その後も、さらに**おびただしい数の**犯行が発覚しています。あなたが子どもに教えないかぎり、犯罪者が普段知っている人だけではなく、尊敬している／されている人物であることや、あなたに事実を言っても非難されないことを子どもが知る術はありません。保護者は、性欲を満たすために利用しようとする年上の子どもや大人に屈服せず、子ども自身の本能を信じることを教えて、子どもの心身の安全を確保していきましょう。

性暴力とは何か？

性暴力が子どもを餌でつって車に招き入れるような典型的な悪人によるもの以外の、どのような場合があるかを考えてみましょう。性と屈辱ということに関して、自分の信用、年齢、立場を使って子どもを無力感に陥れることのすべてが性暴力に該当します。ほかの言葉でいうと、誰かに性的に強制されようがされまいが、自分を守ったり誰かに知らせたりできず、他者の意思に仕方なく服従することがあったら、それは性的な犯罪であり暴行です。これは10代のベビーシッターにポルノグラフィを見せられるようなことから、配慮を欠いた医療行為、親やほかの大人との性行為を強要されることまで様々です。ポルノなどに晒されること、服を脱ぐように頼まれること、性器を見せられたりいじるように言われること、医療行為のなかで粗野な処置をされることなどは、親や義理の親による性的虐待よりも多発していることです。

大人ができる防止策

1. 健全な境界を示すモデルになる――子どもが不快に感じるやり方で誰もさわったり、いじったり、見たりすることは許されないということを教える。
2. 感覚への気づきを子どもの中に育てる――腹部の違和感や早い心拍数などの「あれっ！」と感じる本能的な直感を子どもに信じるように教える。それにより何か悪いことが起きても、その場から去って助けを求めることができるようになる。
3. 誘惑を回避する術を子どもに教える――早めにその徴候を捉え、助けを求めることを教える。
4. 「ノー（嫌だ）」を練習する機会を設ける。
5. 子どもに言うべきこと、すべきことを教える。――いつもあなたに知らせるべきことを教え、子どもの安全を保ち、その感情をサポートする。

次に、これらの防止策を細かく見ていきましょう。

1．健全な境界を示すモデルになる

作家のジェイムズ・マーシャルが2頭の仲のいいカバについて描いた素晴らしい子どもの絵本があります。カバのジョージとマーサは遊んだり、お互いの家で食事を一緒にしたりしていました。ある日、マーサがお風呂に入っていると、ジョージが窓から見ていました！　ジョージはマーサがあまりにも怒ったので驚き、ジョージはマーサがもう自分のことが好きではないのかと思って傷ついてしまいます。マーサはジョージのことをとっても大事に思っていることを告げ、次のように説明しました、「ジョージ、わたしたちがとっても仲がいい友達だからといって、わたしがお風呂のときのプライバシーが必要でないということではないのよ！」（訳者訳）。こうしてジョージは理解しました[5]。

このジョージとマーサのお話は、よい境界を築き、はっきりそれを伝え相手の境界も大事にするというお手本を示しています。親自身がよい境界を示して、子どものプライバシーも尊重する必要があります（5歳から7歳あたりは特にそうです）。子どもが嫌そうなときや、安全を保つことが難しそうな場合は保護者の手助けがいります。そして、これは乳幼時期からもう始まっているのです。次の例はどのように手を差し延べるかを示しています。

アーサーはまだ赤ちゃんで、ジェーンおばちゃんが彼を抱きかかえようとする度にむずかって背中をそらせます。母親は妹の手前もあって「アーサー、大丈夫。ジェーンおばちゃんだよ。大丈夫だよ！」と言いました。

アーサーにはここからどんなメッセージが伝わるかを考えてみましょう。アーサーは自分の感情が重要ではないこと、大人の要求は自分のよりも優先されるべきということをすぐに学習してしまいます。赤ちゃんは感情を声や身体言語を使って知らせると同時に、大人の声のトーンや顔の表情を読み取るのが大変優れているのです。赤ちゃんの神経伝達回路は、タッチに関する感情や境界を大人が尊重していくことで形成されるのです。理由が何であれ、アーサーはジェーンおばさんの腕の中には安らぎを感じなかったのです。もし彼の「拒否する権利」が尊重されていたならば、彼は感情を示すことで状況を変えられること、選択できること、そしてタッチされて欲しくない他者から守ってくれる大人（このケースでは母親ですが）がいることを会得することができたでしょう。

母親が「今はだめみたい、ジェーン。アーサーは抱っこされる準備ができていないみたいよ」などと如才ないフォローをすることで、赤ちゃんの自己感覚に肯定的な刷り込みができるのです。もし母親の適切な対応が続けば、アーサーの脳に自分を守る神経回路が形成されやすくなるのです。これが彼の後の人生において、侵入や暴行から身を守ることにつながります。このような幼い時期に培われた無意識の身体的な境界は、思春期やその後に大いに役に立つのです。

トラウマとはわたしたちの境界を築く能力への損傷です。そして、性的トラウマというのはわたししたちの真髄への痛みであり、もっとも深く傷つきやすい、プライベートな部分への侵入なのです。したがって子どもは、自分の心の空間やプライバシー、自分の身体がほかの誰のものでもないことをもっと尊重されるべきなのです。年齢や発達段階で状況は異なりますが、子どもは気持ち悪さを感じるキスやひざの上に座らせられること、大人が喜んでいるだけの望まない注目に我慢することなどは一切必要ないということを知らされなくてはなりません。

子どもの境界が重んじられるべきそのほかの場面

本能的に子どもは親の真似をしようとします。大人は子どものこの性質をトイレットトレーニングに応用できます。そうすることで子どもも大人もたくさんの我慢比べや、不快感から解放されるかもしれません。子どもの時間軸に寄り添うことによって、子どもは楽しく親の行動を真似し、自分でトイレットトレーニングをします。〝トレーニング〟をトイレットから切り離すと、子どもは、誇らしげに「パパ（ママ）のやるように」自分のペースで達成します。この大切な発達段階を一般的な発達のあり方で語る専門家の見方ではなく、子ども主導にすることで不必要なトラウマを防ぐことができます。

学識チャンネルで、多胎出産の家庭の様子を撮ったドキュメンタリーが放映されました。母親は3人の大きい子たちの世話と、小さい子どもたちのトイレットトレーニングに悪戦苦闘していました。しかし、彼女はこの恥ずかしさの伴う疲弊する仕事をわくわくするような通過儀礼に変容させました。まず、子どもたちにそれぞれのトイレを用意し、個々人の「なわばり」という感覚を強めました。そして、子どもたちに「うんちの本」をつくり、家族で飾りつけをして、誰がいつおまるを利用したかを記録しました。これは家族に楽しみや協働といった感覚を作りました。大きい子どもたちは小さい子たちが行く時になるとサインを見逃さないようにし、母親に知らせるだけでなく、応援し助けてあげました。そしてときには小さい子どもたちを連れて行ってあげました！　1人の子どもが終わると、ほかの子も真似をしたがりました。

わたしたちはトイレットトレーニングを躾としてやるべきでないと言っているのではありません。ただ、まだトイレを使う準備のできていないのに**無理に強いる**のは、子どもが身体の機能をコントロールする権利を軽視していると言えるでしょう。それが、今後、ほかの誰かの思惑にはまってしまうパターンを作る原因となりかねません。無理してよりも、温かく支えることで子どもに健全な自己調整と、身体への自然な興味を育むことができるのです。こうして、摂食障がい、消化の問題、便秘や様々な疾患を防ぐことができるのです。何より子どもは楽しく、喜びにあふれて自発的になるでしょう。

2．感覚への気づきを子どもの中に育てる

本書のはじめに、身体感覚の場所や状態を言葉にすることの意義を説明しました。ポイントは、感覚の変化を経験するまで充分な集中を保つことでした。性暴力から子どもを守るため、様々な種類のタッチについて話し、それが想起させる感覚について確認しておきましょう。タッチが不快だったり、安全

に感じなかったり、恐ろしかったり、苦痛だったりしていないか、そして自分を汚いと感じさせたり、秘密めいていたり、または不安にさせられていないか、子どもに自分の本能である身体感覚を信じることの重要性を伝えてください。

ミネソタ州ミネアポリスのある学校での「子どものための性被害防止プロジェクト」は、タッチについて「いいタッチ」から「惑わされるタッチ」そして「悪いタッチ」というように分類し教育しています。いいタッチは何かが与えられているような感じがすることを教え、抱きしめられること、動物をなでること、何かのゲームで楽しくふれあうとき、やわらかいブランケットで包まれるとき、抱擁されるとき、お父さんやお母さんに背中をなでられるときなどを挙げています。悪いタッチは、叩くこと、押すこと、髪の毛を引っ張ること、罰を与える目的のとき、攻撃的にくすぐられること、性器や胸に触ることなど、概して望んでいないすべてのタッチということを話しています。

よい、または、悪いが識別できるタッチに加えて、子どもを当惑させる「何かしっくりこないタッチ」もあります。なぜだか怖くなったり、圧倒されたりするもので、子どもは好きで尊敬している年上の人からという理由で我慢したりするのでしょう。または、特別に注目され個人的な時間をもらえるということでうれしく感じるのですが、秘密めいた感じに当惑してしまうこともあります。ときどき、タッチが心地よさと気持ち悪さの両方を引き起こすこともあるでしょう。

なんとなくの感覚、直観、困惑の感情を危険信号として使うことを子どもに教えることは、性被害を防ぐことにもつながります。危険な状況に陥る前に、見聞きしたことやお願いされたことがなんだかおかしい、ということをみぞおちに感じたり、早い心拍数や手に汗握ることによっても知ることができます。それは誰か信頼できる人に助けを求めなさいという警告なのです。しばしば子どものお腹というものは、「あれっ」というかすかなサインを早期に出します。また、子どもはなぜだか分からないのに恥、困惑、罪の感覚を味わうこともあります。そして本当に具合が悪くなります。ほかには、麻痺したり、無力だと感じたり、しびれたり、怯えたりして何かが間違っていると感じたりもするのです。子どもがいったん当惑すると、「考えて行動する」ことが難しくなるので、**何をすべきか、何を言うべきかを前もって練習すること**が重要です。

どんな場合でも、子どもに以下のことを教えましょう。(1) 自分の内面の感覚を知り、そして信じること。(2)（あなたにでも、誰か近くの安心できる人にでもいいので）すぐに助けを求めること。(3) 秘密を打ち明けるなと脅されているのなら、それを言った人が誰であろうと自分は子どもを信じて守るということ。

3. 誘惑を回避する術を子どもに教える

「感覚」という迅速な警戒信号をどのように使うかを訓練していくとともに、子どもにはどんな罠を回避しなくてはならないかも教えます。どの近所にも何らかの問題を持っていて、利用しようとたくらむ年上の子どもや大人がいることを前もって知らせておくと、その人たちが接触してきても、子どもは自分を責めるようなことがなくなりますし、誘いに乗るリスクを低減できます。

カレン・アダムズとジェニファー・フェイは著書のなかで、次のように言っています。頼まれたことが、

・おかしく感じるとき
・それが子どもをほかの子どもたちから引き離すようなとき
・家族のルールに反するとき
・秘密を含んでいるとき
・うまい話の特別なえこひいきのように思えるとき

…こんなときは、たとえどんな偉い人でも、それがどんなにもっともらしくても、子どもはそれを断り、あなたに知らせて起こったことを収拾してもらわなくてはならないことを伝えましょう[6]。

そして子どもの年齢に合わせて、具体的な情報を与えることが重要です。性被害について次のような例を言いましょう。誰かがあなたにタッチすること／タッチするようにあなたに頼むこと／じろじろあなたを見ること／あなたに見るように頼むこと。また、あいまいな表現よりも身体で位置や状況を示すのもよいでしょう。例えば10代の女の子には、わざとじゃないフリをしてちょっとかすったように胸を触ってくる人もいるかもしれないよ、などがよいでしょう。小学生には、「トイレで、上級生、先生、ほかの大人があなたのペニス（膣、肛門）を触ってこようとする人が、もし、いたら教えてね」などで

す。子どもの年齢に合わせたやり方で、様々な例を示してください。就学前の子どもには、「あなたをぎゅっと抱きしめて、身体をこすりつけたりして、ズボンのなかに手を入れてきたらすぐ教えてね」などです。繰り返しますが、あなたが、子どもの境界を大事にすれば、不適切なタッチに子どもは気づき、そしてあなたに教えてくれるようになります。後に紹介する家族でできる境界のエクササイズは、ここで学んだことを使えるようにしてくれるでしょう。

「誰か」を特定して教える

子どもには知らない人から車に乗せられようとしたり、飴か何か物をくれようとする場合については注意しますが、危険な可能性がある「誰か」が、隣の住人、ベビーシッター、先生、コーチ、ボーイスカウトのリーダー、レクリエーションの指導員、年上の兄弟、または宗教指導者である可能性があることも知らせるべきです。いい人であっても、何か問題を持っていて嫌なことをするかもしれないこと、そしてほかの子どもたち（虐待の被害に遭っていることが多い）である場合も否めないということも伝えておきましょう。

この章を書くためにした調査において、一番驚いた統計結果は、性被害を受けた子どものうち年上の兄弟や10代のベビーシッターによるものが多くを占めていたこともそうですが、「兄妹、姉弟間での近親姦は親からのより5倍も多い」というものでした。[7] 同掲書にはほかにも2つの統計があり、兄妹、姉弟間の性被害があったとされる平均年齢は8・2歳で、その兆候である虐待が始まったと報告される歳は5歳です！　5歳というのは特別な年頃で子どもは好奇心が旺盛で、自発的で愛情に満ちた時期なのです。1996年の児童思春期精神医学ジャーナルとカリフォルニア州の2000年の刑事裁判の統計（表4-7、362頁）は性被害神話を一掃する報告をしています。思春期で犯罪がもっとも多い平均年齢は14歳で、どの年齢層よりも性犯罪が大きな割合を占めていました。[8]児童に性犯罪をした人の59％は、思春期に逸脱した性的な興味を発展させているのです。[9]青年期のホルモンというのは、はかり知れない威力があり、若者は芽吹いてきた性的な衝動や欲求にしばしば当惑するのです。さらに青少年は、まだ幼い子どもへの長期にわたるダメージについては理解していないので、大人がきちんと教えるべきなのです。

子どもには、そのような誰かは力を行使するばかりでなく、しばしば策略を使うことを教えておきましょう。今一度、具体的な例を示してください。子どもが猫が好きなことを知っているベビーシッターや、大きい子どもは、「もしおひざの上に座って、このビデオを見てくれたら、私の子猫のうちの一匹をあげるよ（またはペットの猫をさわらせてあげるよ）」とか、あなたの地域の聖職者が、「ミサのお手伝いをさせてあげよう。ただし、はじめに服を脱いで、これらの祭服が合うくらい大きくなっているかみてみよう」などと言うかもしれないことを事前に話しておきましょう。そして、「誰にも言ってはいけない」と言われることもあることを伝えましょう。もし秘密を守るように脅されていたら、脅した人が悪いことをしているのだということを言い聞かせます。そうすれば、子どもは話してくれるので、さらなる危害から守ることができます。

4.「ノー（嫌だ）」を練習する機会を設ける

子どもが誰かからの不適切で、有害で、不快または困惑させるタッチをされたとき、それをやめさせるのが当然であることを日頃から練習するべきです。こうして、やめさせる権利が自分のなかの自然な一部分となり、成長している脳に刷り込まれるのです。

大人が子どもの好き嫌いを尊重し、例えば、食べ物、着る物、遊びや活動などの選択を可能なかぎり年齢に沿ってやらせてあげるのがよいでしょう。「ママ（またはパパ）が言っているんだから聞きなさい」などと言って、着たくない服を着せられ、嫌いなものを食べさせられたりするのは、「これはあなたの健康にいい（悪い）からね」とはちがって子どもにとっては屈辱なのです。もし親が、慢性的に子どもの感情、好み、意見、その敏感性より、自分のを優先させていたら、子どもの心には「親はいつも最善を知っている」や権威には挑戦してはいけないと思ってしまい、子どもは自分の本能が信じられなくなります。大人は、「こんなに外が暖かいのに、寒いわけがないでしょう?」または「お花を青く塗るなんて！　オレンジでしょう、オレンジ！」「大きくなったら、選ばせてあげるから」などと言ってしまいがちです。

自分の気持ちが大人によって抑圧された環境で育つと、子どもは、ストレスを感じたり、困惑したり、恐れたときに大人に向けて、「ちがう！」と機転を利かせて言うことができなくなります。こうして子どもは、性犯罪に巻き込まれたとき、自分を責めたり、いつも恥や罪を感じて孤独に苛まれたりするのです。反対に自分の選択が尊重されていて、大人が他者からの侵入的で、粗野な、または不快な扱いから守ってくれることを知っている子どもは、危険な状況に陥りそうになると、「やめて」と言うことができるのです。

この境界を設定できる能力は、赤ちゃんが安心を感じない誰かに抱き上げられようとして、嫌がっているのを親が気づくことから始まるのです。年上の兄弟やクラスメイトがいじめたり、嫌がっているのにくすぐったり、パンチをしたり、噛んだり、蹴ったりしているのを止めることも重要です。**どんな理由であれ**、子どもが抱っこされたり、抱きしめられたりするのを嫌がったら、それを強要したり、たいしたことでないとみなしてはいけないのです。わたしたちが、子どものタッチや境界を築く権利を無視したり、けなしたりすれば、どうやって後の人生で彼や彼女たちは自分自身を守れるようになるのでしょうか?　子どもの非言語のサインを尊重し、「嫌だ」、「やめて」や「そういうことはしないで!」を言えるようにたくさん練習する機会を与えましょう。子どもは本能的に誰が安全か、そうでないかが分かるのです。保護者として、子どもの気持ちを変えようとするよりも、子どもの感覚を信じ、それを育んであげましょう。

性犯罪者はしばしば家族の友達や親戚だったりします。犯行は少しずつ回数と時間を重ねて起きている場合が多いのです。しばしば、実際の犯行のずっと前にわいせつな思考が起きています。次のストーリーは、子どもの話を聞くことがどれだけ重要かを教えてくれます。

ジェニーとおじのシャーマン

ジェニーが8歳のとき、おじのシャーマンに何か「おかしい」と感じましたが、なぜだか理由は分かりませんでした。彼女はいとこたちを遊ぶのは好きでしたが、自分の家にいとこが訪ねてくるほうが気楽でした。12歳になって、どうして自分がこんなに用心していたのかが分かりました。一晩いとこの家に泊まったとき、彼女は取り乱して帰って来ました。次の日、彼女は母親に「プロレスごっこ」をして自分たちがおじと遊んでいたとき、おじが彼女を組み伏せ、身体を思わせぶりにこすりつけ、ゆっくりと彼女の胸に触ってきたことを告げました。

ジェニーの母はこの危険信号を却下し、ジェニーを守るのではなく自分の兄弟の面子を保ちました！母親は娘に、「シャーマンは、そんなことは絶対しないよ。たぶん遊びの中でわざとじゃなくて手があたっただけだよ」と言いました。母親はジェニーの直観を信じる絶好の機会を逃しました。その上、正直にシャーマンと話すことでさらなる危害から彼女やほかの子どもを守るチャンスもだめにしたのでした。また、彼をジェニーと2人きりにしないようにすることもできたかもしれません。そして悲しいことに、似たようなことがまた起きたときに、娘に自分の感情に気づき、どう言い、どうすべきかを教えるチャンスも逃してしまったのです。

ジェニーは1人で自分の感情に向き合わなくてはなりませんでした。おじとの間で起こったことで成長期の自分の性を不快に感じ、恥じるようになったのでした。何も教えられていない子どもによくあるように、彼女は自分に落ち度があったかのように思い込み、何もなかったかのように振る舞いました。

ジェニーが16歳のとき、母親は車が修理中だったため、おじのシャーマンに学校への迎えを頼みました。ジェニーはおじが彼女の家ではなく山のほうへ向かっていることに衝撃を受けました。彼は、お気に入りの姪にハンバーガーをごちそうするのだと言いました。

しかし食べ終わってからも、車を山のほうへ走らせました。誰もいない樹木に覆われたところに着くと、彼はジェニーをどれだけ愛し、そして求めていたかを告げ、彼女にブラジャーを取るように懇願しました。そうすれば、彼女を本当に気持ちよくさせることができるのだと。どうしたらよいのかまったく分からなくなったジェニーは、おじのトラックで身動きすら取れませんでした。そうして彼はホックをはずし犯行に及んだのでした。

ジェニーがおじのシャーマンのことを怪しいと感じたのは早くも8歳の時点だったことを覚えているでしょうか！　たぶん、彼女は嫌な感覚を彼の淫らな視線や、不快で強い性的なエネルギーから感じていたのでしょう。もし母親が、たとえ身内であれ起こりうる危害をジェニーに教えていたら、そして娘の報告を真剣に受け止めて、その不快感を正当化し守る行動に出ていたら、後の性被害は防げたかもしれないのです。そして、大人になった今も、ジェニーの愛する夫が彼女の胸を素晴らしいと思って触れようとするとき、彼女が苦痛にさいなまれるようなことなどはなかったでしょう。

5．子どもに言うべきこと、すべきことを教える

道の渡り方、警察への通報、シートベルトの装着方法、水難への注意など、身の周りの安全について子どもに教えるように、よいタッチと秘密めいた（困惑させる）、または悪いタッチのちがいについても教えましょう。しかし、親が子どもは理解していると思っていても、そうでないときがあります！　一通り話した後で理解度をテストする方法としては、子どもに自分の言葉であなたの言ったことを繰り返してもらうのがよいでしょう。また、ほかの方法としては、ありそうなシナリオを子どもの年齢を加味して作成し、ロールプレイをしてみることです。子どもはごっこ遊びのように練習するとうまく習得できます！

楽しんで予行演習ができる4つの例を次に示します。[10]一部アレンジしています。

よい境界が築けるように子どもにさせたいゲーム

もしも…

家族みんなで質問をし合い、いろいろな答えを作ってみましょう。子どもに考えてもらう質問は次のとおりです。

・自転車のタイヤがパンクして、誰かが家まで送ってあげると言っているときあなたはどうしますか？
・いじめっ子があなたのボールを奪って車庫まで来たら返してくれると言ったらどうしますか？
・新しく近所に移ってきた人に秘密を守れるかと尋ねられたら、どうしますか？

お話をする

お話は実行しやすい具体的な例を示せる方法で、次のようなものです。

いつも欲しいものを買ってくれる年上のお兄ちゃんのいる小さな男の子がいます。でも、そのお兄ちゃんは暗闇で隠れて、彼に飛びかかり怖がらせます。この男の子は怖いのは嫌だと思っていましたが、どうしたらいいか分かりませんでした。ある日、お父さんに、怖い思いをしたことがあるかと聞いてみました。お父さんは「ときどきあるよ」と言ったので、小さい男の子はどうしたら怖がらないようになれるかと聞きました。お父さんが、何が怖いのかと尋ねたので、彼はお兄ちゃんの話をしました。お父さんは、もうやらないように年上のお兄ちゃんにうまく伝えられるように手助けし、それでも、やめないようなら教えてくれるよう頼みました。

スペースインベーダー

このゲームは子どもに身体的な空間と必要な境界についての理解を促すゲームです。２人の子が向き合って、4～5メートルくらい距離をおいて立ちます。そして、ゆっくりとどちらかが、不快感を覚える位まで近づきます。次に、近づかれたほうは、不快を感じる身体部位を指し示すか、言及して、その感覚がどんなものかを表現します。そして相手に近づく許可を与えていないことを、動き、音、言葉を使って知らせます。全く許可していないことを身体言語で示せるまで、練習しましょう。

子どもは、はじめは退屈してふざけたりするかもしれませんが、だんだん自分の空間を守ろうとして、近すぎると言い出します。横並びのとき、後ろ向きのとき、ちがう角度から、お互いが近づいていく場合などもやってみましょう。お互いに身体空間の境界を探索したら、今度は安心な大人ともやってみましょう。大人はいろいろな種類の役割を演じます。はじめは見ず知らずの人、知っている人、親または近所のよく知っている人など。このゲームによって、誰かが自分の境界に侵入してきたら、すぐに察知できるようになるのです。このゲームを使って、身体感覚を手がかりにすることや、本能的な危険信号への信頼を強めていきましょう。

嫌だ！

これは、子どもが必要なときには「嫌だ」と言えるように練習するゲームです。

1．子どもが守る必要がない場合のあるルールについて洗い出してみましょう。

・人には親切にしなければならない

・人の気持ちを傷つけてはならない。
・誰かが話しかけてきたら、失礼がないように答えなければならない。
・他の人の面倒をみなければならない。
・自分の必要より他の人を優先しなければならない。
・目上の人には意見してはならない。
・世話をしてくれる人にはいつも従わなければならない。

これらを、話題にし、そして吟味することで、従うほうがよいときと、「嫌だ！」を言ったほうがよいときの選択ができるようになります。

2．実際に言う練習をしてみる。

まずはひとりか2人の子ども、もしくは、ひとりの大人がお願いごとをするふりをします。簡単に「嫌だ」と言えるものから始めましょう。子どもが上手に言えたら難度を上げて、「何か問題ある？もう私のことが好きじゃないんでしょう？」などと言って、どうなるかみてみましょう。あくまでも（特に大人に向かって）「嫌だ」と言うチャンスを作りましょう。

やってみてどれだけ簡単に子どもが大人の要求に屈するかに驚くことでしょう。「嫌だ」を言うことで子どもは自分が意地悪で、ききわけがなく、失礼なことをしたと思ってしまうのです。このゲームは、あなたのお子さんが、被害に遭うような状況でどのように行動できるかを査定し、自信を持って力強く「嫌だ」と言えるように練習できるチャンスなのです。

このような機会を作って、自分より権威や権力を持っていそうな人々への無力感を克服させてあげましょう。チームスポーツ、武道、フィットネス、ランニング、腕相撲、子ども向けのひったくり対策クラスなどに参加することで、身体の強さを感じ、自分の力を感じることができます。

子どもが話しやすい環境を整える

元ミス・アメリカのマリリン・ヴァン・デブアーは「子どもにとって言うことが果たして安全なのか？」とその著書のなかで疑問を投げかけ、それに対して「あなたと私が安全にしたときだけ[11]」としています。そして、最初に性被害を受けた平均年齢が5歳から6歳で、そのうち18歳以前に被害を大人に報告した人々が次のような否定的な反応を受けたことを明らかにしています（ある人は複数の反応を受けています）。

・（子どもが）怒られた（42％）
・非難をうけた（49％）
・打ち明けたのに無視された（50％）

・ヒステリーを起こされた（30％）

これは信じられない結果かもしれませんが、子どもは絶対に言わない、というのが常識なのです！　学校カウンセラーとして現場にいると、本当に多くの子どもたちがこれまで秘密を誰にも打ち明けたことがなかったと言います！　子どもは特に、非難と罰を恐れています。私が聞いたよくある反応は、「もしママが知ったら、私は殺される！」「ママ／パパは私をうそつきと呼ぶんだ」「どっちにしろ、ママは彼を困らせたくないから何もしないと思う」「パパは全部私が悪いと言うと思う」などです。

あなたが安全な雰囲気を家庭の中につくれば、それは子どもたちにとって大きな恩恵になるのです。ほかの調査では、「被害に遭ってから、直ちにまたはすぐ後に知らせて、それが信じられて助けを受けた人たちは長期的なトラウマ症状になる確率が減ったのに対して、（恐れと恥から）言わずにもしくは言っても否定されるか、批難されるか、信用されないか、またはばかにされた人は、非常にひどいトラウマの症状に苦しんだ」というのがあります。[12]ヴァン・デブアー氏が子どものために啓発活動を始めたとき、「子どもを信じて」というシールをつくり、車に貼りつけるキャンペーンをしたそうです。

子どもがあなたに話してくれるように促すために以下のことを実践しましょう。(1)幼稚園や保育園などの早期の段階で不適切なタッチについて教えましょう。そして、(2)それらは子どもの落ち度では一切ないことを知らせましょう。(3)いつ、どのようにあなたやほかの安心な大人に言うかを教えて、練習してみましょう。(4)前もってあなたは信じ、守るということを伝えましょう。(5)決して拒絶したり罰したりしないことも言っておきましょう。まとめると、子どもが言っても大丈夫な雰囲気を作りましょう！

デートレイプと青年期

未解決の性的トラウマがあったり、プライバシー、境界、性について健全なお手本がなかった10代の若者がデートし始めると、様々な混乱を抱えることがあります。

もし、若者の感情、意見、権利が、親、祖父母、年上の兄弟たちに相手にされず、また軽く見られてきたとしたら、つまり家で「嫌だ」を言うことを練習したり、尊重されたりしてこなかったとしたら、デートで2人きりのとき、夜遅くの車の中で、そして白昼の高校の校内であっても、その子はトラブルに巻き込まれやすいのです。

不幸にも、高校や大学でのデートレイプは頻発しています。アメリカでは指標となる調査がありま す。4人にひとりの女子大生がレイプやレイプ未遂の犠牲者となっています[13]。保護者は10代になる以前、そして以後も継続して話し合い、様々な場面について確認しておきましょう。思春期のホルモンが活発なときには、明確な判断ができるとみなさないほうがいいでしょう。大人の身体になったからといって、あなたの助けが必要でないわけではありません。人生のほかのどのときよりも、この重要な分岐点に若者はしばしば、あなたの助けを必要としているのです。

次世代へ、トラウマを変容させて

現代社会では性に関しての価値観や行動にたくさんの変化がおきているのは事実です。しかし、しばしば見落とされていることがあります。それは、性的なエネルギーは、生命のエネルギーそのものであるということです。人生に情熱がある人には、ひらめきがあって、楽しく、創造的なエネルギーが溢れています。そしてこれが前向きな人生の秘訣です。活き活きしている人は、周りにいる人たちもその輝きと豊かさを取り入れることができます。そしてありきたりの規範に依らずに生きています。

そもそも生命のエネルギーとは何でしょうか？　それはどこから来るのでしょうか？　インド文化では、第2チャクラのエネルギーといわれており、生殖器から生じています。これは吟遊詩人を歌わせ、作曲家たちに曲を授け、建築させ、絵を描かせ、劇場を創らせ、文学を完成させる時代を超えた覚醒のエネルギーなのです。創造して、世に送り出す、「作る」と「発する」の両方の活動なのです。一方でとても恐れられ、社会的・宗教的には排除され、伝統に抑えつけられてきました。

残念なことに、自然に起きる感情や感覚を抑圧されると、人は戸惑いや罪の意識を感じるでしょう。そして、創造力などをもたらす強い感情を喜ばなくなってしまいます。思考、感情、感覚が適切か、不適切かの基準で判断すると、恥をも感じることになります。思考は思考、感覚は感覚。それで終わりです！　ありのままでよいのです。

逆に、通念的な判断が取り除かれると、個人は自由に生命のエネルギーを感じます。否定せず、抑圧せずにいると、性の健全な決定と表現ができるようになります。そうして表現していなかったことに言葉が与えられ、家族は健全になっていくのです。

もう1つ記しておきたいのは、同性の親、単身の親、複合家族などがうまくいくように願い、ここで示したことが役立てばと願います。

すべての家族が、抱擁、なでられること、そしてマッサージなどの慈しみ深いタッチを必要としています。大人や年上の子どもが自己決定できない子ども（または誰か）を利用して快楽やなぐさめ、支配欲、そして性的な欲求を満たすことは決して許されることではありません。

本章だけでは決して網羅しきれませんが、健全な性の発達、そして性被害について子どもと話すときに役立つ本はたくさんあります。[6][11] 若者や大人たちにこの章とともに役立ててほしいものです。

第7章

別れ、離婚、そして死――悲嘆を子どもが乗り越えられるように支える

この章では、別離や喪失からくる悲嘆（グリーフ）に子どもが対処できるように導くことに焦点をあてます。保護者が度々遠方に出張することや、軍関係の仕事をしていることなどで一時的に会えないことはしばしばあります。しかし別れが悲劇的な出来事や末期の病気のように、突然で永久となることもあるのです。また離婚の場合は、別れが、長い間、暗雲のように佇み続けます。いずれにしろ、子どもはいろいろな形で影響を受け、ストレスと深い悲しみを経験します。別れが青天の霹靂であるとき、ショックと悲嘆が混ざった複雑な状態になります。ここからはこの両方の痛みを乗り越えていくために大人にできることを紹介していきます。

グリーフの症状とトラウマの症状

トラウマにはグリーフ（悲嘆）がつきものです。グリーフとは喪失に伴う感情で、トラウマが火災や洪水などの災害によるものであれ、性的虐待やネグレクトによるものであれ、何か大きなものが失われるのです。家屋や持ち物などの実体があるものであろうと、無邪気さのような実態のない何かであろうと、世界は安全であるという感覚はなくなります。ですからトラウマのないグリーフはあっても、グリーフなしのトラウマはありません。

グリーフとトラウマの症状はちがいます。子どもが深い悲しみを経験すると、例えば、年老いた病気のペットが死んだときなどは、話をするのが比較的簡単で救いになります。一方、もしペットが子どもの目の前で車に轢かれたときは、グリーフはトラウマによって複雑化します。そしてショックによるトラウマの場合は、子どもは話をしません。死が突然、劇的に訪れたので感情とイメージが一度に処理できないのです。この場合は恐怖に働きかけて、子どもの身体と心からショックを解放させる必要があります。

病気のペットを看病し最期を迎えたのと比べて、元気だった犬や猫の悲劇的な死は現実として受け容れ難いものです。グリーフは感情を現実のものとして捉えますが、ショックには現実感が伴いません。これがグリーフとトラウマの大きなちがいなのです。

ウィリアム・スティールとメルビン・ライダーは2001年に、トラウマ反応とグリーフ反応のちがいの社会調査をしました[1]。それをもとに、わたしたちは身体志向の視点から改編してみました。

グリーフ	トラウマ
悲しみの反応	恐怖の反応
グリーフ反応が単独で現れる	トラウマはグリーフ反応を通常含む
グリーフは、おおかたの専門家と一部の専門家以外の人々にも知られている	トラウマは、特に子どものについては、一般にもそして多くの専門家にも知られていない
グリーフは言葉にすることが救いになる	トラウマは言葉にすることは難しいか、もしくは不可能
グリーフでは痛みは喪失の証し、と認めることが役立つ	トラウマは、痛みが恐怖、喪失感、圧倒されるような無力感、そして危機感を引き起こす
グリーフは、ふつう怒りが暴力的になることはない	トラウマは、怒りがしばしば他者や自分への暴力になる（薬物乱用、配偶者や子どもへの虐待）
グリーフは、“もし、あのとき…していれば／もしくは、していなければ”と自責する	トラウマでは、“これは自分のせいだ。自分が防げたのに”それと／または“自分がそうなっていたはずなのに”という自責をする
グリーフは自己のイメージや自信を破壊したり、“傷つけたり”はしない	トラウマは自己のイメージや自信を破壊したり、歪ませたりして“傷つける”
グリーフは夢にでてくるのは故人であることが多い	トラウマでは、自分が犠牲者になるような悪夢をみることが多い
グリーフは一般的にトラウマを含まない	トラウマはグリーフを含むが、フラッシュバック、驚愕、過覚醒、麻痺などの特徴的な反応も出る
グリーフは感情を吐き出すことで癒される	トラウマはエネルギーの解放と自己調整によって癒される
グリーフは時間が経つにつれて自然に消えていく	トラウマは時間が経つにつれて症状が悪化し、PTSDや健康を害する問題になる。

なぜトラウマとグリーフを区別することが大事なのか？

トラウマとグリーフを区別することが大事なのには理由があります。悲しんで、不機嫌にしている子どもは見てすぐに分かりますが、別離に茫然としている子どもは黙って苦しんでいることがよくあります。そういった子どもは苦しみとの関連が見出しにくい問題行動をしたり、頭痛、腹痛を訴えます。それゆえに許しがたい行動として取り合ってもらえず、罰を与えられたうえに、その症状に誤った診断を下されたりもします。もし大人がこの区別を知っていれば、子どもは理解されないことや誤った治療が施されることに耐えなくてすむのです。

もう1つ重要なことは、子どもをショック反応から救う手立てはグリーフのそれとはちがうことです。子どもがトラウマの凍りついた反応から抜け出せると、グリーフの様々な感情がずっと自由に、自然な道のりをたどって癒されます。反対にショック状態が長く続けば、子どもはなかなか消えない無力感に取り残されたままとなり、それが慢性的なストレスとなって気分が変調しやすくなり、後にパーソナリティ障がいという形をとることもあります。

トラウマが解消されると、子どもは嘆くこと（grieving）と生きること（living）の両方に取りかかります。しかし、そうならないときは、今の現実ではなく恐ろしいことの起こる以前に取り残されたままで、情緒的な発達が遅れてしまう結果にもなりかねません。時間が凍りついたようになり、子どもの人生を妨害してしまうのです。両親が離婚した10代の若者が描いた絵には、もとの親たちがずっと幸せに暮らしていて、義理の親や義理の兄弟は登場しません、…それがたとえ10年前のことだったとしてもです！

この例のような否認や受容ができない状態というのはよくあることです。離婚、死、または別離に際してのグリーフのプロセスはトラウマの反応によって挫かれます。喪失による痛みは避けられませんが、子どもの人生の一部として感じて、表現して、動かすことはできるのです。失望には学びもあるのです。ここからは離婚や死別という渦からのショックを和らげ、導く方法を紹介することにします。

離婚をどう捉えるか？　バラ色か、闇か？

君のため　そしてほかの子たちのためにも
愛とは喜びを与えるべきものなんだ
パパとママが見せようとした
まがい物とはちがうんだ

君のため　そして自分のために
絶対あきらめて妥協して欲しくない
愛にはたった1つのことがある…
それは

愛には君が必要とする真実があるのだ

ケニー・ロギンス「リアル・シング」（アルバム『リープ・オブ・フェイス―愛を信じて』より）（訳者訳）

アメリカの有名なカントリー歌手のタミー・ウィネットは、離婚のことを「汚い取るに足らない言葉」と言っていますが、ポップシンガーのケニー・ロギンスは、娘のアマンダに向けて彼女の母親の元を離れることを許してほしいと願いこの「リアル・シング」という歌を作りました。ストレスの多い結婚生活を愛と取り違えないでほしいと歌っています。

わたしたちは皆、家族が崩壊するときに痛みを伴うことを知っています。離婚が子どもの結婚、職業、そしていわゆる幸福や成功に及ぼす影響について、専門家たちは次のように相対する研究結果を出しており、大きく2つに分けられます。⑴両親は子どものために一緒にいる**べきだ**。なぜなら、離婚は永久に子どもの心に影を落とし、大人になってからの関係性にも影響するから。もう一方は⑵両親は子どものためという理由で一緒にいる**べきではない**。なぜなら（ケニー・ロギンスが歌うように）不幸な結婚生活は機能不全な関係のモデルであり、子どもは逆に悪影響を受ける。さらに彼（女）らが結婚する場合、催眠術にでもかかったかのように、感じて、聞いて、見てきた「親しみのあるパターン」を繰り返してしまうことになるから、と分かれます。

ニューヨークタイムズのメアリー・ドゥエンワルドのレポートでは、離婚をめぐる子どもの未来について双方の観点を検証しています（２００２年３月26日号）。ジュディス・ワラーシュタイン博士は、親が離婚している家庭の子どもは親密な関係を築くのに難しさを抱えやすく、助けが必要だと結論づけています[2]。一方で楽観的な立場をとるのは、メイヴィス・ヘザーリィントン博士で、離婚はいつも子どもにとっては深い悲しみと痛みを伴うが、３年の月日が過ぎる頃にはかなり上手に適応ができる、としています[3]。また、両親が離婚した子どものうちの20～25％は何らかの心理的や学業上の困難を呈したが、両親が離婚をせずにいた家庭の子どものうちの10％も難しさを抱えていました。もちろん家庭内暴力や虐待がある場合は、離婚はいつもいい選択です。

ヘザーリィントン博士によると、重要なのは**かまってくれて、良識があり、愛情を持つ**大人の存在で、それがあれば何があろうが子どもは大丈夫なのです。一方、子どもが親同士の激しいやり取りに翻弄された場合、後の人生において困難が残りました。少女たちはうつ状態や不安に苛まれ、少年たちは攻撃的で反社会的行動を示しました。親同士が離婚後もいさかいを続けるのは子どもをひどく苦しめます。

異なる見解はあっても明白に一致しているのは、離婚には痛みを伴うということです！　憎しみ合いながらであろうが、お互いに同意したものであろうが、子どもの友人関係、生活環境、経済状況、家庭生活は変化せざるを得なくなってしまうのです。親を必要とする年齢と発達段階にある彼／彼女は、最も脆い存在です。親自身がグリーフに苦しんでいても（これには、自分のために助けを求めましょう）、子どもの感情のケアは**大切だと考えてください**。子どもは家族が分裂していくのを「自分の離婚」として受け取り「どうしても離婚しなくちゃだめなの？」のような質問を投げかけてくることもあるでしょう。大人も苦しみますが、子どもは明らかにもっと苦しんでいるのです。

離婚を乗り越える――子どもの心と身体の健やかさを保つ

離婚に際してはバラ色か闇かだけでなく、コントロール**できる**グレイゾーンもたくさんあるのです。新しい家族構成に子どもが慣れるためのグリーフカウンセリングについての研究はされていますが、子どものショックに取り組むアプローチに言及しているものは1つもありません。残念なことにグリーフカウンセリングは、話すこと、聴くこと、そして子どもが悲しみと怒りを表現することのみでしか構成されていません。

研究の中では身体感覚に働きかけるものは1つもありませんでしたが、離婚の痛みの感覚がどれだけのものなのか、ライターのヴィッキイ・ランスキーは次のように自らの経験を記しています。

離婚を乗り越えることは、身体の経験です。私にはそれがとても驚きでした。自分の**身体**は死の渦の挑戦を受けたようでした。私はジェットコースターや気流の悪いところを通過する機内での胃が落ちる感じが大嫌いなのですが、まさにあの感覚を味わいました…別れた後、ただ椅子に座っていただけなのに。なんて、つらいことなんでしょう！　幸いにもこれは、3ヶ月から9ヶ月続きお

さまっていきます。(4)

もし、これが大人が経験したものであるとしたら、何のコントロールも持たない子どもは、どんな身体経験をするのか想像できるでしょう。両親が子どもの身体的・感情的なショックとグリーフ反応に理解を示し寄り添った場合は、離婚の破壊的な影響はずいぶん軽減されるでしょう。子どもの欲求を知り尊重することで安心感が生まれ、**みんなが**長い目で見てうまくやっていけるようになるのです。

ショックを和らげる――子どもとの上手な対話

あなたが子どもの前で喧嘩しようが、巧みに仮面夫婦でいようが、または結婚生活がもはや機能していないのを恥じて黙っていたとしても、離婚は子どもにとっては足元をすくわれるようなものです。痛みを避けて通れませんが、大人が準備さえすれば、子どものショックを確かに和らげることはできます。子どもに親のことで心配させないためにも、まずは自分のショックとグリーフに取りかかりましょう。それが子どもの痛みの軽減にもつながります。

お互いに離婚に合意したら、子どもにどう話すか、また後の細かいとりきめをどうするかを話し合う時間を取りましょう。それにより子どもは過渡期をうまく乗り越えられるようになります。去っていく親は子どもとは離婚するわけではないこと、サッカーの練習には連れて行くこと、子どもが泊まりに来る夜には布団で包み込んであげることなど、親であることに変わりはないことを知らせてあげましょう。1つの家ではなく、これからは2つの家を持つことを強調してあげてください。少しずつ充分に時間をかけて子どもを慣れさせていくことが最善です。例えば、「お父さんが浮気をしたから出ていってもらうの！」ではなくて、「お父さんとお母さんとの間の愛は変わってしまったけど、**2人ともあなたのことを愛しているのよ**。これからは離れて暮らすけれど、あなたのことに関しては何1つ変わらないんだよ」というのがよいでしょう。

子どもには、これから部屋の配置をどうするか、どちらの親が学校へ迎えに行くか、などの日常を保つための選択をしてもらいます。これは、完全にコントロールできず無力感に陥りやすいなかで力を感じてもらうためです。子どもは、あなたが思いもつかなかった創造的なアイディアを出してくれます。非常に大変な時期でも彼／彼女らの人生の質を向上させることはできます。しかしある決定に関しては、例えば、子どもはどちらの家で感謝祭（訳注　米国では11月第4木曜日に家族が集まって食卓を囲む）を過ごすかなどは、子どもは他方の親に気を遣い、寂しさ、怒り、後悔などを感じてしまいます。注意深く見守り、選択がつらそうなら無理をさせないでください。

離婚について両親が自分たちの気持ちを整理せず、父親が出て行くことを息子に伝える準備をしなかった例を次に示します。あとで、子どもの驚愕した反応に親として何ができたかをふりかえっていきましょう。

深く傷ついたやさしい心のジェイコブ

ジェイコブの両親の結婚生活は、かなりの間崩壊していました。2人は仕事でとても忙しく一緒に過ごす時間がなかったので、口論さえありませんでした。息子のことは愛していたので、3人一緒なら生活は順調でした。双方の仕事が絶頂期のときに結婚生活は終わりました。このカップルには、個別の成功があり友人もたくさんいたので、誰も理想的な15年の結婚生活が終わりを告げるとは思っていませんでした！

原因はジェイコブの父親の浮気でした。母親はすぐにそれに気づきました。母親はパートナーを責め、怒りとグリーフが家中を満たしました。母親はジェイコブを守るため、父親のことについては何も言わなかったので、ジェイコブには何が起きているのか分かりませんでした。母親はカウンセリングにも行ったのですが、感情の爆発は抑え難いものがありました。情事はすぐに終わり、父親は結婚生活をやり直すことを一応口先では約束したので、ジェイコブの母親は夫を許すことにしました。そして彼は最低月1回、特別な夫婦の時間を持つことを約束しました。

ジェイコブがボーイスカウトや友達とのお泊り会を楽しむ13歳になろうとしていたときは、夫婦の関係は一応修復されていたかのようにみえました。ジェイコブの母親は安堵し、週末の1回は約束して共に過ごしました。しかしその後自分たち夫婦がもはや終わっていることを実感するのには、たった1回のカップルカウンセリングで充分でした。

ジェイコブの母親は楽観的にこの事実を受け入れました。そして、母親は息子の確立された日課がそのまま続行することの大切さを知っていたので、子どもが同じ家、学校、友達を持ち続けられるようにしました。ジェイコブの父親は親権を持つことを望んでおらず、必然的に父親が出て行くことになりました。夜、カップルカウンセリングから家に帰る車内で簡単に話し合をしただけで、細かいことは全く相談しませんでした。２人は離婚の影響から息子を守るのにこれで充分だと思ったのです。

ジェイコブに伝えたときに起こりえることや、どのように伝えるかを話し合わないまま、ぎこちない沈黙で家に帰ったとき、ジェイコブは、ベッドに入るところでした。２人は「早く済ませてしまおう」と顔を見合わせて、彼の部屋に入りました。そして単刀直入にジェイコブに離婚のこと、２週間したら父親が出て行くことを告げました。

ジェイコブは衝撃を受けましたが、泣きませんでした。突然のニュースに圧倒されて動けなくなりベッドに横たわっていました。両親も動揺していたので彼を抱きしめました。ジェイコブは、お化けでもみたかのように茶色の目を見開き、青ざめてベッドに寝ていました。母親が彼にどんな感情も自然なものよ、と告げようとしましたが、ジェイコブは感情を表していませんでした。彼はショック反応に陥り、凍りついて麻痺を起こしていました。両親は彼がどうして無力感に苛まれているのかを理解していませんでした。

父親が出て行くことを告げられて、５分から10分後にジェイコブは胸のあたりに刺すような痛みを訴え、両親に「心臓発作を起こした」と言って、救急車を呼ぶよう頼みました。そして離婚を告げられたこととは何も関係がないと彼は言い張りました。そして繰り返し「分ってもらえないようだけれども、…具合が悪いんだ…これは別のことなんだ」と訴えました。不幸にも、両親はジェイコブがショック状態であることも、どう対処したらよいかも分かっていませんでした。もし彼が圧倒されず両親の腕の中で泣けていたなら、グリーフに取りかかれる準備ができていたでしょう。

ジェイコブのもっと幸せなシナリオを考える

ジェイコブのショックと否認には、深いグリーフが隠されていました。両親に理解してもらえず（実際そうでした！）、そのあと2回のカウンセリングを受けても、理解されていないと感じて行くのを拒んでしまいました（これも実際そうでした！）。ジェイコブが両親にして欲しかったのは、どうにもできない身体感覚をどうにかしてもらうことでした（第2章で紹介したやり方です）。刺すような胸の痛みから解放されるように、やさしく手助けされていれば、ジェイコブの胸の感覚は、凍りつきのショックから抜け出せていたでしょう。堅く閉ざされていた涙はずっと後ではなく、両親の胸に抱かれたときすぐに流れたはずです。**このように、**ジェイコブの感情は痛みから解放されると自然に出てくるのです。

章の始めにある「グリーフとトラウマ」の表のトラウマの列をおさらいするとジェイコブの主な症状はトラウマのものであり、グリーフではないことが分かります。

1. 彼の主な反応は、悲しみというより恐怖だった。
2. 彼のグリーフはトラウマのショックで占められていた。
3. 両親も、そして専門家でさえもトラウマ反応について理解していなかった。

4．ジェイコブは自分の感情については話しておらず、離婚については言及もしていない。
5．彼の痛みはグリーフからきているのではなく、恐怖、無力感、安心できないことへの反応である。

離婚や別離が家族に差し迫ったときに、知っておけばできることはあるのです。グリーフは避けられませんが、トラウマは予防できるのです！　ジェイコブの世界はほんの数分で激変してしまいましたが、ショックを和らげるためにできたであろうことは2つあります。

まず、両親が別れることを初めて告げたときの衝撃的な瞬間について考えてみましょう。ジェイコブは、突然の告知に驚愕しました。両親が離婚することをその日の夕方に決めただけでなく、2週間後に父親が出て行くことも一緒に告げられたのです。

離婚の際、ある親は無感情になり、ある親は苦しい感情をひた隠しにし、ある親は感情をあらわにします。しかしどれも子どもがうまく対処できるようにはしてくれません。家族にとって最善なのは、「**両親が自分自身の感情を知りながらも、同時にそれらをきちんと収納できていることです**」。少なくとも、子どもの前ではそうすることで、子どもがショックとグリーフに取り組み、消化するのを助けるのです。ジェイコブの両親は、**自分たちが**まだショックの真只中にいました。彼が寝る前の時間に話したりせずに、**まず**自分たちのショックに働きかけて感情を整理するべきでした。回復するまでの時間を幾日か何週間か待った後で、ジェイコブにとって良い計画を考えることもできたでしょう。例えば、父親は、アパートを見つけてから1～2ヶ月はジェイコブが変化に慣れるように、もとの家で家族と過ごす時間を設けてもいいと思います。父親がどのくらい頻繁に訪問するかは、ジェイコブと父親との関係を保つやり方で実行できたかもしれませんし、ジェイコブがその計画に関わることもできたでしょう。それによって彼は、降りかかってきた何の責任もない状況に無力のために押しつぶされず、自分が重要であることを実感できます。

子どもがどのようにうれしくないニュースを聞かされるのかに注意深くなることで、ショックの大部分を和らげることができるのです。子どもは自分にどんな影響があるのかをすぐ**具体的に**知る必要があるのです。「どっちが自分を水泳のクラスやボーイ／ガールスカウトに連れて行ってくれるんだろうか？」「お友だちにはまだ会えるのだろうか？」「学校には時間通り着けるのだろうか？ 誰が迎えに来てくれるのだろうか？」「犬のスポットはパパ、ママのどちらが引き取るのだろうか？」

その日どちらの親が子どもと一緒にいるか、どちらが様々な催しに連れて行くのかなどが分かるようにカレンダーに色づけしておくと、子どもは安心でき、**どちらの**親も自分を大事にし続けていてくれていることが分かります。同時にこの色づけは、子どもに願望によるものではなく、現実に基づいて予測するのを手伝ってくれます。

しかしどんなに慎重にやっても、この種の知らせはショックに満ちたものであることを覚えておきましょう。どうすればよいかはもうご存知でしょう！ すでに学んだ感覚、イメージ、感情を駆使して、ゆっくりと凍りつき固くなった恐怖の感情や感覚をやさしく導いて動かしていきましょう。

これは、第2章と第4章で学んだ子どもの事故、転落、そのほかの突然の衝撃の際と基本的には同じです。原因は何であれ、ショックが身体に及ぼす影響は似ているのです。

ショックの反応を素早く観察して査定することも、もう既にあなたはできるかもしれません。ジェイコブのケースでは、青ざめた顔色、大きく見開いた目、浅い呼吸、強く締めつけられた胸の筋肉（これは彼の心を圧倒されるような感情から守っていた）は明白なトラウマの証拠でした。そっとあたたかく、安心できて、大丈夫なことを知らせるように痛がっているところに手を置くと、痛みから解放されてショックが和らいでいたでしょう。自分の感情に**まず**取り組むことで、子どもにもっと集中できるようになり、さらにタッチをつかうことで子どもが必要としている安心が与えられるのです。

次に示す「最も傷つきやすい8つのとき」にこれまで学んだことを使ってみましょう。子どもがトラウマ反応を起こしやすいのは次のようなときです。

離婚をめぐって子どもが最も傷つきやすい8つのとき

1. 初めて子どもに自分たちは離婚すると告げたとき
2. 子どもに母親または父親は出て行くことを（または出て行ったことを）告げたとき
3. 親権の審判がなされるとき

4. 離婚条件や金銭給付が検討されているとき
5. 母親の家または父親の家といったように離れて暮らすようになったとき
6. 片方のもしくは両方の親が新しい相手とデートを始めたとき
7. 片方の親が遠方に住むことになったとき
8. 再婚を決めて新しい家族構成になったとき

離婚と子どもの発達

両親が別居や離婚をするとき、子どもの親権は親の都合ではなく、発達や感情の欲求が最優先されるべきなのです。子どもは両方の親としっかりつながっているという実感が必要です。乳幼児であればなおさらです[5]。赤ちゃんやとても小さい子どもにとっては、健全な愛着を発達させるうえで安心感覚は不可欠なのです。赤ちゃんにお父さんは来週また来るからね、と言っても分からないので、親権のない親は可能であれば毎日訪ねるのがよいでしょう。

日常生活の持続と円滑な移行、そして新たな形の家族への定期的な訪問が望ましいのです。片方の親の訪問があまりなかったり、子どものことを拒否していたら、祖父母、叔父叔母などの家族の存在が重要になってきます。赤ちゃんは感覚を通して安心を感じます。抱っこされたり、ゆらゆらされたり、食べ物をもらえたり、微笑まれたりして、頻繁に家族の輪のなかで大人にいとおしまれることが大事なのです。

子どもが大きくなって親との分離が始まると、母親と父親の両方から与えられるミラーリング（訳注 子どもと目を合わせてその動きを真似たりすること）を通して独自の自己同一感、アイデンティティが形成されます。片方の親がいないと自分の一部分が否定されているか、存在していないような、またはこの両方を感じることもあります。ですから、もう一人の親を消してしまわないように注意しましょう。子どもの自尊心を低下させてしまうことにもなりかねません。あなたがそう願おうが願うまいが、両親の像が子どもの中に生き続けられるように努めましょう。

10代の若者には、やや少ない訪問で大丈夫ですが、自立して世の中を探って行く上でのきちんとしたルールを設定してくれる強い親像が必要です。必要なときに親が近くにいて欲しいのは幼児と同じで、家というしっかりした基盤がないと仲間との関係を築くうちに混乱してしまうでしょう。身体が成熟してくる時期でもあるので、血のつながりのない親子はぎこちなくなるかもしれません。特に義理の父と娘の関係は愛情表現の面では、不自然な感じがするでしょう。研究結果によると、10歳から15歳になると子どもは血のつながらない親を受け容れるのが難しくなると言われています(6)。

家族が再構成されようがされまいが、子どもは子どものままでいていいことを知らされる必要があります。単身家庭の場合は特に、子どもが早く成長することを強いられてしまいます。子どもが大人の責任や感情の負荷を引き受けると、独自のアイデンティティや自己の感覚が妥協してしまいます。子どもの前では、特に経済的なことや養育権については仲たがいを避け、大人自身の痛みや困難によって子どもの欲求を見逃さないようにしましょう。そうすれば、子どもの自己感覚を歪ませてしまうことを防げます。離婚が耐え難いほどのあなたにとって痛みであるなら、子どもを助ける一番いい方法は、自分自身が専門的な助けを受けることです。地域などに子ども向けの「離婚を乗り越えるグループ活動」があれば一緒に参加してみましょう。

ほとんどの子どもは2つの幻想を抱いています。1つは、両親がいつかまたよりを戻すということを想っています。そしてもう1つは、子どもは、心の片隅のどこかで離婚は自分のせいではないか、と感じているということです。この2つは「マジカル思考」と呼ばれ、4歳から11歳の子どもに特に顕著にみられます。もし彼（女）らが別れに関係があるとすれば、自分が修復できると思うのは当然でしょう。「マジカル思考」はきちんと解消されるべきです。もし片方の親が、去った配偶者と再度結婚することを望み続けているとすると、子どもは離婚を受け容れて、進んで行くという課題がこなせなくなります。

子どもは片方の親が去ってしまったので、きっと**自分も捨てられてしまう**と思っていることもあります。これは、自分の行動がお母さんやお父さんが出て行ったことと関係があると、紐づけをしてしまう子どもにとっては特に切実です。この年頃は、とても鮮明に創造を膨らませる力があるので、恐れにはとても敏感です。ですから、いくらあなたが前の配偶者を嫌っていても子どもにはなるべく逢えるようにしてあげることが最善の解決策なのです。

子どもはしばしば「どちらが自分の面倒を見てくれるのか？」や「自分はどっちについていくのか？」を心配しています。もし母親の家にも父親の家にもおもちゃ、洋服、本、ＣＤ、ぬいぐるみ、そのほかのお気に入りの持ち物があり、そこに居心地よさがあれば、子どもはどちらの親の心にも自分の居場所があることが分かります。片方のところで生活し、見知らぬ島に住んでいるもう一人の親を訪ねるようするのではなく、両方の家に住んでいると思えることが大事なのです。たとえ子どもがどちらかの親と過ごす時間が少なくても、あなたは子どもと離婚する**わけではない**ことを伝えて安心させ、心底安心させてあげてください。大人は大人と離婚するのです。

もうこれ以上関係は続けられないというのが2人の大人が出した最善の決定とはいえ、子どもにとって離婚は喜ばしいことではありません。もう自分の両親はこれ以上愛し合っていないことを知るのは理解し難いことでもあり、自分の存在の基盤が揺らぐかもしれません。加えて先生、近所の人、そして遊び仲間に自分が2つの場所に住んでいて2つの家族があることを説明するのは、気後れし混乱するかもしれません。

子どもが離婚を乗り越える際、年齢と発達段階を踏まえて説明していくには、この本のみでは充分ではありません。これまでの情報はあなたが離婚を計画している、またはもうすでに離婚をした際に心にとめておいてほしい点をまとめたものだからです。離婚について大人が読む素晴らしい本もたくさんありますし、子どものための絵本もあるので上手にとり入れてみましょう（巻末、補足情報）。

子どものグリーフを手助けする

離婚に際してトラウマ的側面をどう最小限にするかをお伝えしてきましたが、ここからは子どものグリーフについて説明していきましょう。子どもが痛みの感情に対処できるようになるために、あなたにはたくさんできることがあります。子どもが望まない変化や混乱を乗り越えなくてはならないときに、戸惑い、イライラ、怒り、傷つき、そして恐れと同時に、すこしホットすることがあるかもしれません。ほかに表現する（もしくは抑圧する）感情としては、空虚感、憤り、落胆、寂しさ、悲しさ、そして罪悪感などが挙げられます。

グリーフのプロセスを乗り越えることは、子どもの成長において避けては通れないし、そして生きること全般に関しても大切なことなのです。子どもは挫折感や痛みから保護されることで成熟した大人になるわけではありません。熟達した大人が、お手本や穏やかさ、共感、支えを与えることで目の前にある落胆や挫折感と向き合えるようになるのです。

グリーフは人が亡くなったときだけに起こるものではありません。グリーフは大事な誰かか何かを永遠に失ったときの悲しみの感覚です。グリーフは人生の一部なのです。喜びと悲しみは交互にやってきます。一方なしに他方だけを味わうことはないのです。子どもにとって一番よく起こるグリーフは、離婚、祖父母・親・親戚またはペットの死、友だちの引越し、そして家や特別な持ち物を失うことです。

グリーフのプロセスは直線的ではありません。何十年も前にエリザベス・キューブラ・ロスが著書のなかでグリーフの叡智《えいち》を段階として説明し、よい示唆を与えてくれています(7)。子どもは次に示すような様々な段階を通過したり、また訪れたり、そして逆戻りしたりすることでしょう。子どもがもう悲しんでいないと思っていても、記念日、祝日、または喪失を想起させるような状況があれば感情はまた戻ってくることがあります。

グリーフの**第一段階**は、**否認**または**不信**です。この段階には、しばしば深いショック反応が起こります。その場合、子どもに自分の感覚に気づいてもらい、感じられるように促すことで動きと変化を与え、凍りつきから抜け出すことの手助けができます。死は起こらなかったとか、両親はやり直すだろうなどの幻想に取り残されたままにしないためにもこれは非常に重要です。

次の2つのステージは感情と直接向かい合うものです。**第二段階**は、**悲しみ**と**嘆き**が現われてきます。**第三段階**は**怒り**と**後悔**です。第二段階・第三段階は、特にしばらくの間交互に出てきます。そしてイライラ、挫折感、空虚感、落胆、心配などの感情も見られます。愛する人との別離ほど苦しいものはありません。心がかき乱されるのはグリーフのプロセスではまったく自然なことです。子どもが感情を表現できているのであれば、第一段階の凍りつき、無力感、幻想から抜け出しているサインです。あなたの仕事は子どもの傷ついた心や、怒りといったものと本人とが安全にいられるようにサポートすることです。

取引は、グリーフの**第四段階**です。この段階で大人がしてあげたいのは、もう戻れない過去を取り戻そうとする無駄な試みではなく、痛みに取り組める自信という感覚を育むことです。子どもは「もし私が…だったら」または「自分がしていれば、できたのでは、すべきだったのでは、そうしたら、この〝恐ろしい〟ことは起きなかったのに」と言ったりします。そしてまた、「もっと一生懸命祈るから、（またはお手伝いをするから、）あの人を返してください」などと懇願や願掛けに似たことをすることもあるでしょう。

これは第一段階の否認に似ています。ここでの否認はもっと思考、非難、そして罪悪感が混ざったものになります。よって、恥や罪の渦に陥らないように、起こってくる思考を感覚として感じることが大切になります。子どもにはその人が亡くなったり、去ったりする前にやっておけばよかったことや、やらなかったらよかったことなどの正直な悔恨を表現してもらいます。そしてあなたは手放して大丈夫なことを伝えましょう。この章の後半では、人、ペット、今までの家族構成、またはお気に入りの所有物にさよならをする前の「感情の完了」の仕方を紹介します。

グリーフの**最終段階**は何が起きたかという現実を**受け容れること**です。ここには、人生の続きを歩んでいく意欲や、さらなる活力と目的を持って生き抜いていくことが含まれます。ですから、「ただ忘れてしまおう」や「もう立ち直っていい頃だ」や「感情から離れておこう」ということとは根本的に異なります。また、子どもが再び悲しみを感じなくなるということではありません。この段階で起こることは、ショックとグリーフの蓄積していたエネルギーが解放されたことで、真の完了がもたらされるということです。こうして子どものエネルギーは人生の逆境と向き合いながら成長に使われていくのです。

ペットの死を乗り越える

多くの子どもにとって最初の深いグリーフは愛するペットの死であることがよくあります。そしてこれが、無条件の愛を学ぶ機会でもあります。前述したように、グリーフは直線的ではありません。様々な段階がありますが、子どもは自分自身の独自の方法で嘆きます。これらの行動のある部分は大人にとっては不可解でしょう。感情を表現できる子どもには、ただ聴いて、合図を捉えて共感的に支えて、必要としている時間と空間を与える努力をしてあげる、これが全てです。

次のストーリーは、ペットを亡くした小さな少女、レイチェルがグリーフを乗り越えた過程を両親が彼女への尊敬を込めて手紙にまとめたものです。レイチェルがグリーフとショックにどう取り組み、両親がどのように手助けをしたかが記されています。

レイチェルへ

2003年11月15日、あなたの猫、ブライアー・ローズが近所の犬に殺されました。6歳のあなたがこの経験を乗り越える姿にはとても驚くべきものがあったので、あなたが大人になったときに読んで欲しくて手紙にしました。

パパが家にサッカーの試合から帰ってきた後、しゃがんで、あなたに「ブライアーは死んじゃったんだ」と良くない知らせを伝えました。そのときあなたは長い間、パパの腕の中で嘆き悲しんでいました。ライアン〈レイチェルの兄〉とわたしはあなたの傍にいました。あなたは突然泣き止み、ロブ〈レイチェルの父親〉がブライアーを持っているのかと訪ねました。父親はブライアーを中に連れてくると言い、わたしたちは皆玄関のところに座りました。あなたはブライアーをひざに置きました。まだ温かかったんです。あなたは彼女をなでながら、素晴らしい猫だったこと、こんなに若くて死んでしまうなんて、そしてどれほど愛していたかを語りかけていました。そして、あなたはどのように彼女が死んでしまったのかを考えました。彼女の舌は垂れ下がっており、目が閉じていなかったからです。何で閉じないんだろう？　眠らなくなっただけじゃないの？　鼻のあたりに少量の血がついているだけで、あとは特にケガをしてなかったのです。彼女に何が起こったの？　との問いに、わたしたちが知っているかぎりベストを尽くして答えましたが、最も大切だと思われたのは、悲しみをこらえず、お互いが助け合っていることでした。ロブは口から血をふき取ってあげました。皆は涙ぐみました。そして突然あなたは、彼女を抱きかかえ終わったこと、ロブに朝彼女を埋めるまで、外に出しておこうと言いました。

あなたは夕食のとき、食欲がないようでしたが一緒にテーブルにつきました。食事中、頭が本当に熱いから水で冷やしたい、と言い出したので、お風呂に入ることを勧めましたが、あなたは、「…ちがうの」と言い、シャワーを勧めても「ちがう！」と言って、「台所のシンクに冷たい水を貯めて頭をつけたい」と、あなたは椅子をシンクまで持って行き、水を満たし、シャツを脱いで頭を浸しました。そして頭を浸している間、水の中で息を止めている時間を計ってほしい、と言ったので私はそうしました。あなたはこれを楽しんでいました。そのあと、お友だちに電話で2つのメッセージを残していました。それは、「レイチェルだよ。今晩猫が死んだの。だから悲しいって言いたくて」でした。

次にあなたは笑いがこみ上げてくるような何かをしたくなり、こう言いました。「パパが、ブライアーが死んだって言ったときまでは私は遊んでいたの。そうしたら悲しみが入ってきて、笑いをすべて足のほうに追いやっちゃった。だから足がいい気持ちじゃない、何か笑うようなことをしなくっちゃ」

すぐ後で、あなたはみんなをお風呂に呼びました。私が入るとあなたは、「ママ、笑いが、私の足から抜けて行っちゃったの!」と言いました。私がどうやったのかと聞くと、あなたは「ライアンが私の足をくすぐったの!」と応えました。その次に私は悲しみがどこにいったのかと聞いてみると、あなたは「今はみんなのことが大好きなだけだよ」と言って、お風呂の中でみんなに交互に抱きしめられたがったり、水をかけたり、もぐったり、浮いたりしていました。

寝る時間、歌を歌って、手をマッサージして、そして心地よく布団をかぶるといういつもの日課があなたにブライアーのことを思い出させたようでした。「ママ、もうこれ以上は話したくない」と言って、ヘッドフォンをつけました。そして、数分後には眠りに落ちました。

次の朝、あなたは昨晩の夢について話してくれました。「2匹のブライアーが出てきてね、良いブライアーと悪いブライアー。悪いやつはわたしたちを食べようとしたんだよ、でもいいのがね、わたしたちを助けてあげるって言ったの。それでね、わたしがブライアーの手とママの手を握って、パパとライアンはそれぞれブライアーのほかの手とお互いの手を握ってね、それで、ブライアーは翼を広げて、みんなを空へと連れて行ってくれたの。本当にそれはブライアーだったの。彼女はやって来て、みんなを救ってくれたの」。

午前中、ブライアーを埋めるのを、あなたは場所を選び、土を掘って手伝いました。ロブがブライアーの身体を持ってくると、あなたはその冷たさと固さにとても驚いていました。わたしたちはもはや彼女の魂と生命は身体にないことを悟りました。あなたはおじいちゃんが亡くなる前にくれた硝子玉をいくつかを選んで、ブライアーと一緒に枕カバーに入れ、こうすれば彼女は独りぼっちではなくて、天国でおじいちゃんが見つけてくれる、というようなことを言っていました。

穴を掘り終わると、あなたは一番初めに土をかけました。みんなで彼女の思い出を語り、泣きました。あなたはひざをついて、頭を垂らして祈りました。あなたが何と言っていたのかは分かりませんでした。ライアンがシャベルで土を埋めていくのを手伝うと、あなたは民謡の「峠の我が家」を歌おうと言ったのでそうしました。午後にはあなたは十字架を作ってお墓に置き、〈ブライアー・ローズ、レイチェルの猫、とても愛している〉とたくさんのハートマークを加えて書きました。

それから、あなたはブライアーのことを思っては涙を流したり、悲しんだりすることがありました。猫を見たときや、思い出したときに悲しみが戻ってきました。それはまた「すべての会ったことない先祖たち」にも向けられることもありました。イエス・キリストは十字架で死んだ、とか、子どもが流感で死んだなどと聞くと死についてあなたは話題にしました。わたしたちはただあなたの言っていることを聴いて、あなたが望めば抱きしめてあげました。

死を理解するのは長い道のりですが、あなたの取り組みは素晴らしかったです。驚いたのは初めの日にあなたが自分を助けるために何が必要かをきちんと知っていたことでした。…それは、頭を浸したり足をくすぐってもらったりと奇妙なことでしたが。わたしたちはただあなたを見守り、あなたは最も優れた方法で自分を大事にしていました。レイチェル、心から愛しています!

1年後

ブライアーの死から数ヶ月後、私はレイチェルのお母さんと会い状況を聞きました。レイチェルはまだ猫の死を悼んでいるようでしたが、グリーフを上手に乗り越えているようでした。ブライアーの一周忌が近づいた頃、私はレイチェルに調子はどうかと尋ねました。猫が死んだ日について私が言及しなくても、この7歳の少女はブライアーがいないことを寂しく思っており、その日が近づいてくるのでつらくなってきていると言っていました。レイチェルの希望で新しい猫、ミスティを飼い始めましたがブライアーの代わりというわけにはいきませんでした。

ブライアーの代わりは喪失を埋めるということはもちろん、グリーフのプロセスを完了するのに魔法のような効果は果たしません。代わりになるようなペットや人などどこにもいないのです。子どもはグリーフのプロセスの5段階を完了できれば、喪失を受容できていることになります。ですから新しいペット、友だち、血のつながらない親などに比較的簡単に適応するのです。反対に、子どもが愛着を深く持っていた動物や人間の代わりを、時期尚早に取り入れても効果が薄いのです。

賢いレイチェルは、グリーフから癒えるためにたくさんのことをしました。苦しみと喜びを、泣くことと遊ぶことを交互に繰り返し「振り子のように振れる」ことさえしていました。しかし、まだ彼女は痛みのなかにいました。なぜこうなったのか、私はグリーフのプロセスで明らかに欠落している部分を見つけました。レイチェルは後悔や悔恨について何も言及していませんでした。死別ほど簡単に悲しみとともに罪悪感をもたらすものはありません。そして罪悪感と後悔は子どもの精神的なエネルギーの大部分を支配してしまいます！

ありがちな神話の訂正

（レイチェルと愛猫ブライアーの話の続き）

グリーフを解決していくために、愛着のあったものの「代わり」を早い段階に導入するのがよいというのは多くの人々が信じている神話です。ほかにも、時だけがすべてを解決してくれるというのもあります。もちろん時間と距離は痛みを鈍らせますが、しばしば痛みをさらに隠してしまいます。大人はこれをよいことと思っているようですが、痛みを隠すことがグリーフに対処する効果的な方法でないのには次のような理由があります。(a)痛みは予期せず戻ってくる、(b)喪失や見捨てられることを恐れるあまり愛着や親密な関係を築くのが困難になる、(c)隠されている感情を隠しておくためには「トラック一台分のエネルギー」を消耗する。言い換えれば、痛みを隠しておいても何も解決せず、自分が傷つくことに過敏になり、そして回避するようになるのです。

すべての精神修業や宗教哲学が説くように、苦しみは人生の一部です。子どもはちょっとずつその痛みに耐えることを練習することで、痛みが永久でないことを実感し、人生の貴重な教訓を学ぶことができるのです。そして安定した感情と身体の健康を身につけて、楽しい柔軟性のある大人になっていきます。

レイチェルの場合は、抑圧された感情が簡単に表面化する一周忌が「終わっていないつとめ」を終わらせるチャンスだったのです。私はレイチェルがブライアーのいなくなる前に、自分ができたこと・できなかったことを「（キューブラ・ロスによる悲嘆の第3段階）取引」していないことを知っていたので、「ブライアーのお世話をしていたんだね？」と彼女に尋ねました。彼女は猫に触ったり、一緒に遊んだり、エサや水をやったりしたことを話してくれました。次に私は「もし、ちがうようにできていたらよかったって思うことってあるかな？」と聞いてみました。すると、たじろぐ様子もなく、レイチェルはこう答えました。「ひとつ…彼女にいいお家にいるって思ってもらいかたかったの」。彼女はブライアーにとって自分の家でよかったのか分からないと言いました。なぜならブライアーが明らかに抱っこされたくないときに、きつくたくさん抱きしめたからだそうです。レイチェルは、母親と私に彼女が内に秘めていた気持ちをもらしたことで、安心したようでした。レイチェルが計画したブライアーのための一周忌のセレモニーで、彼女は本当の意味でグリーフの最終段階である「受容」にたどり着けたのでした。

ショックとグリーフを解決するために

古くから伝わる死後しばらく続く死別の儀式や伝統的な文化の習わしとはちがい、現代（のアメリカ）では、自分で自分の感情をしまっておくのがよいとされる傾向があります。これは、お葬式が終わってもまだ悲しみの中にいるなら、一人で嘆かなければならないということになります。しかし実際にはまったく逆で、大人も子どもも悲しみを解決していく際には、グループでの介入が効果的なのです。家族として、そして地域として一緒に悲しむことは、当事者を長期にわたる苦しみから救ってくれます。

ショックがグリーフとともにあるときはもっと複雑です。レイチェルの場合、ショックを経験していることが次の2つで分かります。猫の死の突然さ、[1]そして続いて「頭を浸す」という通常にはない行動。[2]私はレイチェルと会ったとき、なぜ水に頭を浸したかったのか、そしてそれはどうだったのか、と聞いてみました。すると躊躇することなく「ブライアーの血が自分のズボンについているのをみつけたの。それでね、びっくりしたの。そしたら気持ちが悪くなっちゃって頭も熱くなったんだよ。だから、頭を水につけたの。おさまってくれたよ。吐かなくてすんだ」と教えてくれました。

トラウマ的ショックは、しばしば吐き気を伴います。血を見ることは誰にとっても、特に子どもには恐ろしいことです。レイチェルの血の着いたズボンは、さらなるショック招きました。頭を水につけたことは、「神経を鎮める」効果があり胃を落ち着かせたようです。科学的観点から見てもこれは理にかなっています。脳幹からお腹まで通っている迷走神経は何か恐ろしいものを見たとき、吐き気をもたらしたり、血圧を下げたり（失神したり）するのです。ブライアーの血を見た後、彼女は気分が悪くなりました。そして冷たい水の刺激が顔に伝わり、吐き気は鎮まりました。ちなみに落ち着くまで、子どものお腹に手を当ててあげても気持ち悪さを防ぐことができます。レイチェルは共感してくれる両親の前で、冷たい水で本能的に自分に必要なことをしたのです。

グリーフからさよならへ

子どもが愛するものに「さよなら」とちゃんと言えるようになるように終わらせておきたいことがあります。レイチェルの場合は、明らかに嫌がっているブライアーを抱きかかえたりしたことを後悔し、ペットにとって「いい家ではなかったかもしれない」という後悔を口にすることで胸のつかえが取れたのを思い出してください。失ったものがペットであろうが、人間であろうが、もししていたら（または、していなかったら）よかっただろうことを話すのは、手放すことへのひとつの要素です。

エクササイズ――グリーフからさよならへ

次のエクササイズは、さよならができる方向へ誘ってくれる優れたものです。子どもには内容を簡単にし、様子をみながら1度に1つの部分か、もしくはそれより少なくしてやることをお勧めします。

〔このエクササイズは、ジョン・W.・ジェイムスとラッセル・フリードマンが設立したカリフォルニア州のシャーマン・オークスにあるグリーフからの回復機構のプログラムをもとにつくりました。彼らの著書も参考になるでしょう（参考文献参照）。〕

A

①あなたが初めにその人やペットに出会った日からお別れまでの時間軸を作ってみましょう。

②年代ごとの水平の時間軸の上にきわだつ幸せの思い出をいくつか書いて見ましょう。

②そしてラインの上にあなたが心から感謝していることや、生きていたら言いたかったことを付け加えてください。

③次に下には愛するものがあなたを困らせたことを書いてみましょう。

④最後にあなたがしてしまって後悔していることも下に書き加えましょう。

B

次の挙げた事柄について、あなたの思い出を書いてみましょう。

・愛するものがいなくて寂しく思うこと
・傷つけられたことで、今は許したいこと
・悪いことをした、許しを請いたいと思っていること
・感謝していてもそれをちゃんと言えなかった、または充分に言えなかったこと

C

思っていること、記憶、感情を共有してみましょう。

先に作ったものをあなたのことを愛していて、理解してくれる人（たち）と共有しましょう。これまでのエクササイズを完了するにあたって、表面化してきた感情をその人やグループの人々に聴いてもらいましょう。

D

さよならを言ってみましょう。

準備ができたと思ったら、愛するものへの特別な手紙を作りましょう。あなたが言っておきたかったことを書き入れてみましょう。遠慮することはありません。手紙には助けられたことと傷ついたことの両方を入れることが大切なのです。ありがとう、を言いたかった経験やそれにまつわる感情を表現し、また相手や自分の欠点についてもしたためましょう。許したいことは何でも許しましょう。正直でいいのです。むりやり許すことはありません。しかし、これがもしあなたが望むことならいい機会です。大事なのは、自分自身を許すことです。恥じていること、やらなければよかったと思っていることは何でも許してくれるように頼みましょう。今が清算し、そして躊躇せず、さよならができるチャンスです。

この手紙は書くのがつらいでしょう。独りで難しければ、誰か頼れる人に助けてもらいましょう。しかし、ほかの誰でもない自分自身の考えと感情が表現されているかを確認しながらです。年齢が幼なすぎて書けそうになければ、大人に代わりに書いてもらいましょう。もしすべてを独りでできたとしても、強い感情が湧き上がってきたときのために、友達や親戚などと一緒にやってもよいでしょう。抱きしめて欲しくなったり涙が出たときに慰めてくれたり、思い出や感情を共有できることが必要かもしれません。そして手紙の最後の行には「さよなら」と書きましょう。

E

手紙を声に出して読んでみましょう。

準備ができたと思ったら、さよならの手紙を信頼している人の前で声に出して読んでみましょう。そうしたらセレモニーがしたくなるかもしれませんし、手紙を埋めるか、焼きたくなることもあるでしょう。グリーフのプロセスを完了するにあたってあなた独自の創造的なアイディアが浮かんでくるかもしれません。

グリーフの涙、恐れ、感情の爆発、混乱を和らげる

子どもが死、離婚、別離、またはそのほかの喪失などで、様々な感情を経験しているとき、あなたは安心していて大丈夫です。小さい子どもは感情を分類しませんし、大きい子どもや思春期の子どもは話したがりません。そういうときは感情を描いてもらうことがとても役立ちます。なかでも〝人の形の色ぬり〟のエクササイズは子どもにお勧めです。人の形を描いて、感情の色を決めたら、子どもは身体の様々なところでどのように感じているかを、いろいろな色を塗って示してもらいます。例えば、極端に悲しみに暮れている場合は、全身を青で塗ったり、または心臓の部分に青、手足を赤、そしてお腹を黄色ということもあるでしょう（例と手順については第3章の〝感覚の身体地図〟を参照してください）。

このようなお絵かきは2つの意味で有効です。感覚運動を使うお絵かきや色ぬりは、直観の右脳を刺激するので感情を和らげることができます。[1] 子どもはどんなことで苦しんでいるのか、どの感情がまだ表現しきれていなくて共感的に聴く必要があるのか、[2] という貴重な情報を与えてくれます。

子どもはよく不快な感情を最初に描きます。気分がよくなってくると、柔軟になれて、心地よさが自然に出てきます。感情はねんどでも表現することができます。ねんどや小麦ねんどは、つぶしたり、巻いたり、子どもが望むようなどんな形にもできるので、特に怒りを表現するのに最適です。

グリーフの一部分である自然な感情

しばしば子ども（大人も！）は自分のグリーフを恥じたり、親たちに遠慮して自分の感情を隠したりします。離婚や、兄弟・親・祖父母との死別のときは特にそうです。大人も痛みを感じているのですから、子どもと一緒に泣いてもいいのです。子どもに涙、恐れ、怒りはグリーフの自然な部分であることを教えてください。恥ずかしがらずにあなた自身の健全な感情を見せましょう。流す涙は大部分の痛みとストレスを和らげてくれるのです。

しかし、あなたの不安、抑うつ、憤慨、そして嗚咽が長引いて子どもに負荷をかけることは避けたいところです（極端な痛みを見せるのはストレスの和らげにはなりません）。こういう場合は、友人やカウンセラーの力を借りてください。子どもの前で、別れた方の親を非難したり、けなしたりは控えてください。子ども自身のその人への愛を混乱させてしまします。

子どもがどのように感じているか、何を考えているかをよく聞いみると、しばしば大人よりも複雑な感情を持っていることが多いのです。子どもは感情を原始的なレベルで捉え、**なぜ**こう感じるのか、このように感じる**べき**かには焦点をあてていないのです。一方大人は通念的な判断に基づいて感情を**分析**します。子どもには大人のようにレンズを通してではなく、真の感情を表現させる必要があります。また、子どもが自分のタイミングで安心して質問することができる環境も整えておきましょう。感情を話す準備ができていないこともあるので、そのときは後でまたその機会を作ってあげましょう。機会をたくさん与え、欲しているときにはあなたと共有し、そして重荷を軽くしてあげましょう。

悲しんでいる子どもを抱きしめて慰めることは比較的簡単ですが、腹を立てている子どもに対処するのは困難です。愛するものが去ったときは、怒って当然です。そんなときは怒りが自然であることを伝えましょう。話したり、地団駄ふんだり、描（書）いたり、紙を破ったり、または歩いたりすることが必要かもしれません。ある子どもは特に10代の若者は、感情が整理できるまでしばらく一人にしてほしいのかもしれませんし、仲間と話したくなるかもしれません。**準備ができたら**、いつでもあなたは彼／彼女のためにいることを知らせてあげてください。

子どもは次に何が起こるか分からないときに特に不安になります。転居にしろ、離婚にしろ、どのような影響があるかを知る必要があります。子どもには関係する人々とのつながりを保つ手段（電話、メール、訪問など）を伝えておけば、あなた自身の心配が軽減されます。離婚の場合は、どこに住むか、どう環境が変化するか、何がそのままなのかを知らせてください。電話番号、住所、お手紙セット、メールアドレスを教えてあげておくと安心できます。両方の祖父母、おじさんやおばさん、いとこへの電話を促しましょう。拡大家族とのつながりを保っていくことで子どもに継続の感覚がもたらされ、変化への対処がスムーズにできるようになります。

人生は良い方向に！

子どもは生活が大きくに変化するときは、様々な方法でたくさん質問をしてきます。「どうしてパパはもう自分たちと住めないの?」「なんでおばあちゃんは死んじゃったの?」「なんでママは出て行っちゃったの?」「戻ってくるかな?」「なんとかして、ちがうふうにはならないの?」、大人は、すべての質問には答えられないこともあります。しかし、あなたが、子どもの悲しみ、挫折感、痛み、怒りなどを分かっていて、そして話を聴き、抱きしめ、お話をして、人生をできるだけ快適なものにするために一緒にいることを伝えてください。

子どもが過渡期にあるときは、人生は時間とともに良い方向に向かい、物事が動いてくれて今よりもよくなることを知らせる必要があります。これには子どもの苦しい感情に寄り添いながら、「傷ついたままではない」ことを伝えるバランス感覚が必要です。あなたは毎日、または週毎、感情がどう変わっていくかを「確認する時間」を設けるのもいいでしょう。元の家族で、一人一人が新しい状況にどう対処しているかを話す機会があるとよいでしょう。

たとえ新しいパートナーと一緒だとしても、責任のある共同の親であるべきです。子どもが対処できるように共感的に気持ちや解決方法を聞きましょう。気遣いと計画しだいで子どもの適応力に大きなちがいが出てきます。このような特別な家族の集まりで、楽しみや喜びを分かち合い、子どもがグリーフと成長のバランスが取れるようにしてあげましょう!

第8章

地域にゲリラ戦を起こそう――子どもを恐怖から守るために

革命を起こしたいと君は言うけど
もう分かっているように…みんなが変わることを望んでいる
寄付が欲しいようだけれども
わたしたちに出来ることなら何でもするよ
みんなが体制を変えたがっているんだ
そして、これがその計画だ

（訳者訳）

アルバム『イマジン』のレボリューションよりジョン・レノンのスピリットに感銘を受けて翻案。

少し皮肉も込めて「ゲリラ戦」という言葉を最終章のタイトルに入れたのは、すでにあるものを力によって破壊するなどという意味では一切ありません。スペイン語で「ゲリラ」は小さい闘いを意味し、根本的な変化を求める独立した集団のことを指します。アメリカ合衆国の建国の父たちは現在国民が謳歌している自由を勝ち取った本当の意味での「ゲリラの英雄」なのです。

ここからは、未来を希望的に見て本書の締めくくりにしたいと思います。読者の方々が真の改革者となり、学んだ新しい知識を地域に紹介してくれればうれしい限りです。社会の仕組みに少しでも変化をもたらせれば、子どものトラウマを予防し、癒すという大きな躍進をもたらすことができるのです。そして、下記の2つの領域を挙げたいと思います。それによって世界をもっと健康で、子どもにやさしい場所にできるのです。その2つの領域とは、

病院や診療所などを「子ども中心」に

地域と学校における危機介入

例えば、病院、地域、学校を「子ども中心」にするために草の根運動をやってみてはどうでしょうか。これは、子どもや家族の感情や精神が必要としていることが、その使命の中心になるということです。ケガ、病気、自然災害、テロ、学校での危機などのなかには避けられないものもありますが、子ど

ものトラウマ症状や身体を消耗させるストレスを大きく軽減でき、そして防ぐことさえもできます。この章では「改革者」であるあなたに、地域の病院、地区センター、そして学校で使えるような提案をしていきます。どんなに恐ろしい経験をしようが、子どもを回復力のある状態にしておけば、恐怖を取り去ることができるのです。

病院や診療所の改革モデル

ピーターのストーリー

ソマティック・エクスペリエンシング™療法（以下SE™療法と表記）の開発が、ピーター・ラヴィーンと私の仕事になったのは、1969年にナンシーという女性を診てほしいと頼まれたときからでした。ナンシーは、偏頭痛、今では線維筋痛症と呼ばれている痛み、慢性疲労、ひどい月経前症候群、そして内臓疾患などの数多くの身体症状と共に、頻繁なパニック発作などの心理的な問題にも苦しんでいました。セッションの間、ナンシーは全身を痙攣で震わせ、慄いて泣き出しました。1時間もの間、彼女は4歳からのある恐ろしいイメージと感情を思い出して震え続けました。それは扁桃腺摘出手術の際、医師や看護師に押さえつけられてエーテル麻酔をかけられ、むなしく苦しみ続けた記憶でした。

ナンシーのような症状を持つたくさんの人々と関わっていくうちに、幼少の頃の侵入的な医療行為によって圧倒されたり、怯えたりするような経験をした人がどれだけ多いかにショックを受けました。そして、開発した方法を人々に教え始めると、私自身も自分の恐ろしい扁桃腺摘出手術の経験に向き合うことになりました。ナンシーのように、私は押さえつけてくる医師や看護師と格闘し、窒息の恐怖から逃れようとパニックを起こし、完全なる無力感に絶望し圧倒されました。この経験に取り組むうちに、私の大人としての人生に蔓延っていた恐怖、腹痛、そして不信感が消えていきました。意図したものではないとしてもナンシーも私も早期の子どものころに残酷に奪われてしまった無邪気さと活力を取り戻しました。

子どもが不必要に受けるトラウマを防ぐことに力を注ぎ始めたのは、そのときからでした。ナンシーや私が扁桃腺摘出手術を受けた１９４０年代、50年代からだいぶ時間が経っています。けれども子どもへの簡単な医療処置でさえ未だに、第３章のサミーに見られたように恐ろしく、痛ましく、そして圧倒させられるものなのです。

わたしたちの改革は、医療現場で不用意かつ不必要に子どもが被っている苦痛を減らしていくことから着手できます。医師、看護師、連携している専門家たちは命を助けることに従事し、日々、悲劇的な病気やケガ、無秩序な環境に対処しています。しばしば献身的なスタッフメンバーは燃え尽き症候群や身代わりトラウマ（訳注　二次受傷）に苦しめられています。それに加えて、医療従事者と患者の双方とも管理化されたシステムのもとで、膨大な書類作業を強いられています。手術後にトラウマの反応を最小限にし、防止するための時間が少しも取られていないのは本当に驚くべきことではないでしょうか？

医療処置や手術は健康を支えるためのものであり、新しい問題を生み出すためのものではありません。介入は緊急でも計画されたものでも、大人でさえ医療トラウマは無視できない問題なのです。治療の前に同意書類に署名を頼まれると、その内容に恐ろしくなることがあるでしょう。この章で示すことが読者の方々を前向きな変化へと意欲づけられたら、これほどうれしいことはありません。

不必要な苦しみの防止、より短い時間での治癒、後々のトラウマの予防、そして良心的な価格での医療を提供する責任は従事者や経営者にあるのかもしれませんが、わたしたちには医療機関を選ぶ力があります。そしてどの医療機関でも、ここで示すことが簡単に実行できます。保護者と医療関係者が、一緒になって小児医療を改善していくために手を組めば、新しい息吹を吹き込めるでしょう。既存のストレス予防プログラムがあるなら、そこに加えればより効果的です。こういう人道的な実践が加われば、次のような利点があります。

・過酷な医療処置を受けなければならない子どもが回復力と出会える。
・これらの子どもが大人になって、不安などの心理的、身体的なトラウマ症状に苛まれることが少なくて済む。また後の人生で、圧倒されるような経験をしても、無希望や無力感へとつながる神経回路を習慣的に使っていないので早く立ち直る。
・手術した子どもがより早く回復できる。
・さらなる深刻な健康の被害や暴力などの問題行動を防ぐことができる。
・子どもに尊厳が与えられ、身体、心理、精神が治療における決定の中で重んじられる。

・社会は、健康保険にかかる莫大な費用を節約することができ、言うまでもなくたくさんの人々の苦しみを和らげられる。

現在ではたくさんの病院やクリニックが高度な医療を提供し、今まで救えなかった命を救うことができています。今後は、心理、感情、そして精神面での効率的な介入を心がけていく時を迎えているのです。

カリフォルニア大学サンフランシスコ校医療センターの小児科では、いち早く患者の感情面に着目したケアの研究を始めています。小児科のリウマチ部門とリハビリテーション部門、そして2名のチャイルド・ライフ・スペシャリスト（後述）と連携して、小児科ソーシャルワーカーであるカレン・シャンセは、小児科の患者さんたちへの斬新的な治療プログラムを考案し実行しました[1]。

カレンは、SE™療法のトレーニングにおり、外来と入院患者にこの療法の実践を重ねています。そして4歳から8歳のリウマチの外来患者が全身麻酔を受けることなく、普段の通院で複数の痛みの伴う関節注射にうまく対処できるよう努めています。子どもに処置がどのように行われるか見せるだけでなく、安全で心地よいと感じるには何が必要かを一緒に決め、感覚について説明したり、境界を設ける練習をしたりして統制の感覚を保つために内的な資源を一緒に見つけています。子どもに処置が行われる間、**誰に**、そして**どのように**圧迫や痛みのコントロールを援助してほしいかを話し合ったりもします。

注射の痛みや苦しみを軽減するために、痛みの感覚から心地よい感覚へ、少なくとも痛みの少ない箇所へ注意を向けるよう導きます。子どもが感覚を信頼するようになると、同時にコントロール感への自信とさらに大きな目的も意識できるようになります。全身麻酔に比べて、上記のようなサポートを受けた注射の際は、子どもがはるかに協力的で、「ぜんぜん気持ち悪くならないし、吐き気がしないよ」という魔法のような報告がなされています。子どもは麻酔をしないことがどれだけ気分がいいかに驚くのです。

一番大きな利点は、子どもが押さえつけられたり、麻酔をかけられることからくる心理的、身体的な二次被害がないことです。エンブラ痺れクリームやフリージングスプレーを麻酔の代わりに該当部位に使うことも可能です。カレンは、子どもが耐え難い痛みを経験し、抑えつけられて無力感に苛まれるよりも、「手を使って押し合う」または「押しのける」ゲームを使って、自分の防御反応や力強さを感じてもらうのが効果的であると述べています。押すことや圧力をかけるエクササイズのいくつかは、注射の間に力強い筋肉を感じてもらい、小さい患者さんの気を逸らすことにも使えます。また、SE™療法でイメージを用い、リウマチ外来の27名とリハビリテーション入院の7名に実践しました。子どもたちはその恩恵を受け、ストレスの大きい医療処置にうまく対処できるようになり、医師たちは小児科の患者たちの満足度が上がったことに感動したようでした。

カリフォルニア大学サンフランシスコ校医療センターのような実践についてはもっとたくさんの研究が必要なものの、著者たちが聞いたところによると、医療処置の前と後にSE™療法のような介入があった場合は、早い回復を見せることが明らかになっています。複雑な処置の後でさえ、症状の改善のみならず活力を取り戻すことにも役立ちます。

家族中心志向の小児病院

苦痛を与えないように雰囲気に配慮している医療機関は数多くはありません。しかし、メイク・ア・ウィッシュ機構が設立した病院の小児科ではトラウマを最小限にする試みに力を入れています（巻末、補足情報）。それでは、どのようにすればもっと快適に、そして恐怖を少なくする実践ができるかをみていきましょう。

カリフォルニア州のロングビーチメモリアル医療センターのミラー小児病院がそのひとつです。チャイルド・ライフ・プログラムの責任者であるリタは、事前訪問の子どもにこう案内します。「青いイルカのそばの入口から、まっすぐ船のところまで行くとね、そこで受付の人が見学の名札をくれるよ」。彼女の温かい声の調子は小児病棟のツアーが始まる前に安らぎを与えてくれます。この病院の行き届いた子どもへのケアは家族にまで及びます。子どもも保護者も医療処置の前、その間、後にどのようなことが起きるかについてきちんと説明を受け、必要とあれば、兄弟、姉妹のためのプログラムもあるので病院での経験が初めてでも安心です。

チャイルド・ライフ・プログラムは外来、入院のどちらにしても、子どもにとって病院での時間が前向きなものになるように作られています。チャイルド・ライフ・スペシャリスト（訳注・ＣＬＳ、子どもの闘病を支える病院での専門職。アメリカには約3000名以上、日本には2009年時点で約20名）は、病院での恐怖や不安を少なくするために個人や集団でのプログラムを計画します。おもちゃの器具、本、かわいらしい患者着に、手術用の青い帽子をかぶった等身大人形のジェフリーが登場します。ジェフリーは、子どもが遊べる心電図の貼り付け部分、脈拍計、点滴、血圧計、注射器などを入れた箱を持っています。次に、少しずつ病院での体験を写真つきの本を見せて紹介していきます。そして子どもは（小さいクマたちと星がちりばめられた）パジャマと持ち帰りができるスリッパの色を選びます。

頸部腫瘤の手術を受ける小さい男の子、ダニエルの様子を垣間見ることができました。彼はチャイルド・ライフ・スペシャリストのおはなしに聞き入っていました。それから心電図のシールを見せてもらい「外側はくっついて、真ん中はねばねばしているんだよ」と言われると彼はそれに触れました。少し遊んだ後、ダニエルは彼の胸のどの部分にそれを置くかを説明されて、同じシールをつけている子どもの写真を見せてもらいました。

オリエンテーションはプレイルームで行われます。そこにはカーペットが張られた昇り階段があり、昇っていくと滑り台や「ノック！　ノック！　ようこそベアーハウスへ」などのテレビ番組が放映されている劇場があります。ダニエルが準備しているときは、ホッグ医師がクマやほかの仲間たちを診察するために大きな青い家を訪れるお話が放映されていました。ダニエルは滑り台で担当医が来るまでママやパパと遊びました。医師が来ると数分間ダニエルと遊び、仲良しになったのでもう見知らぬ人ではありません。次に医師は家族からの質問に丁寧に答え、理解しやすく手術の手順を説明しました。

また子どもはパジャマを着ている人形、マスク、注射器、手袋、コットン、消毒綿、バンドエイド、舌押しヘラ、業務用キャップの入ったお医者さん遊びキットが与えられます。「〔タートルの〕トミーのMRI冒険」や「病院のおはなし」などのぬり絵もあり、保護者や10代の若者にはビデオや本が借りられる図書館や、医療についてのネット検索設備も利用できます。子どもは早く回復するのが楽しみになるように、処置が終わったら遊べる部屋を見せてもらいます。

ここでは最も進んだ痛みの緩和技術も取り入れられています。例えば、ボタンを押して動かす「患者主導の鎮静剤機器」は5歳ぐらいの小さい子どもでも安全に使えます！　過剰投与ができないようにできているのに充分に痛みの緩和ができるのです。

薬を使わない痛みの緩和に関しては、移動可能な「お楽しみセンター」があり、テレビ、ビデオ、ビデオゲームが内蔵されています。チャイルド・ライフ・プログラムの責任者によると、ロサンゼルスの南カリフォルニア大学が行った研究では、鎌型赤血球性貧血で激しい痛みに苦しむ小さい子どもたちが「お楽しみセンター」を使うと痛みへの反応が著しく減少することを教えてくれました。これは思春期の若者にも使えます。他にも10代の若者（や親との関係が稀薄なすべての年齢の子ども）に効果が大きいのは「おじいちゃん・おばあちゃんプログラム」で、年配の方々のボランティアがトランプ、子守り、お話をしたり聞いたり、可愛がったりして、子どもが寂しくなったり、退屈しないようにしてくれます。

また、ミラー小児病院は子どもにとって魅力的な環境を作るために大きな努力をしています。それぞれの部屋は海がテーマの色とりどりの壁があり、小さな子どもは海の生き物に囲まれ、10代の子の部屋には砂の上にサーフボードが描かれています。ゲームがベッドの横にあったり、ペットが訪問してきたり、そして工夫されたプレイルームもあります。そこでは、アート、手芸の他、同じような病状の他国の子どもとビデオ会議ができる「スターブライトワールド」という装置があります。どの部屋でも「おもしろTV番組」が放映され、子ども自身、子どもの闘病を支えるチャイルド・ライフ・スペシャリスト、もちろんピエロも登場します！　番組では電話での質問タイムがあり、電話をした子どもはみんなご褒美がもらえます。番組のゲストになると、出演した子たちはサインを求められます。

処置に向けて準備と一連の流れを共にするチャイルド・ライフ・スペシャリストだけでなくソーシャルワーカーとカウンセラーが、トラウマ反応が見られる子どものケアにあたります。スタッフたちは子どもの回復時には、特別なケアを必要としていないかを注意して見守っています。もしこの種のケアが理想的過ぎて信じられないとしても、たぶん**これが本来あるべき姿なのです**。さらにいうと、この本を紹介し、どこでもいいので興味を示してくれる地域の医療機関を見つけてみるのはいかがでしょうか。

トラウマ予防を促進していく

子どもが居心地よい環境を作ることに力を尽くす努力はしていても、トラウマを予防するという簡単な、しかし最も重要な実践はまだ知られていないのが現状です。

小児科でのトラウマ予防に、特殊で高価な機材は必要ありません。トラウマを防ぐ技術は誰でも身につけられます。第一のステップは、まず、小児医療に携わる職員にトラウマの仕組みを教えることです。トラウマの症状というのは、凍りつき、無力感、そして逃げる―たたかうができない間に溜まった未完了のエネルギーによるものなので、**子どもが恐れているときに、押さえつけられて固定され、麻酔をかけられることがないことを徹底して確認することが必要です。**

医師、看護師、ソーシャルワーカー、チャイルド・ライフ・スペシャリストの皆さんは、子どもの気持ちに敏感になり、不安を和らげるため次の反応をしっかりチェックしてみてください。身体言語や表情はしばしば、言葉よりも子どもの恐怖を物語ります（例えば、ヘッドライトを浴びた鹿のような不動状態など）。よく起こるのが、恐怖に慄くと子どもは言葉が出なくなります。病院の生活のオリエンテーションや練習は、手術の当日よりも一週間前にするのがよいでしょう。家では子どもが一緒にやっても大丈夫になるまで病院ごっこをやってみましょう。

良いプログラムを現場へ

カリフォルニア州のロングビーチメモリアル医療センターのミラー小児病院は、90ある家族にやさしいアメリカの病院の1つです。上記のように、簡単ではありますが、重要なケアを加えるだけで子どもを優先にする実践ができるのです。すべては、地域の病院のスタッフにこの本で示されているトラウマ予防の原則について教えていくことから始まります。医療トラウマの予防の重要さを理解してくれそうな所を選びましょう。地域にこのようなプログラムを導入するためにもう少し学びたいなら、*www.ChildLifeCouncil.org*があります。しかし、高価な装置は、トラウマ予防やストレス緩和プログラムには必要ないということをまず説得してください。真の目的は、子どもの恐れ、心配、痛みを理解して和らげることです。そして医療スタッフは、他の誰でもない、子どもと家族へ力を尽くすためにいます。家族の権利を主張し、変化を起こす選択をしていきましょう！

キャンディのストーリー

私がミラー小児病院を訪ねたとき、キャンディはチャイルド・ライフ・スペシャリストの研修生でした。彼女はトラウマ予防に努めることに特に興味があり、その熱意は注目に価するものがあったので話を聴いてみました。すると彼女は小さいときの話をしてくれました。彼女はとても活発で、人懐っこく、ダンスが大好きな少女でした。7歳のとき原因不明の痛みをひざに感じて行った病院で、苦痛に満ちた恐ろしい体験をしました。それは医師が深く留まっていた裁縫針が見つかるまで、こづいたり、突っ込んだりしたのみでなく、看護師に向かって「針が取り出せなかったら、脚を切断しなくてはならないかもしれないな」という配慮のない言葉を言ったのでした。

大人になったキャンディはこう語りました。「彼らが私の命を助けてくれたのは分かってるんです…針が心臓に達することだってあるし…でも、私は**すごく**怖かったんです。私をなぐさめてくれるようなことは何もありませんでした。処置が終わると、看護師さんたちは『お母さんにわたしたちがどんなに素晴らしい仕事をしたか伝えることを忘れないでね！』と言ったけど、実際は恐怖しか残っていなかったんです」。

私はキャンディに、この体験が後の彼女の人生にどのような影響を及ぼしたかを聞いてみました。彼女は、その日から引っ込み思案になり、不安をいつも抱えていたと言いました。しかしこの経験こそが彼女を子どもの医療トラウマ防止に駆り立て、この種の苦痛をなくす働きへと導いたのでした。

たくさんの人々が医療機関で、恐ろしく危険を感じる経験をしています。この脅威は命の危機のような重大な問題に直面したとき特に高まります。医療トラウマは子どもにとって非常に深刻な影響を及ぼすものです。そして大人になってもその時の窒息感、凍りつき、そして恐怖を思い出させるものなのです。

しかし、もうご存知のように医療現場に人道的なケアを取り入れるためにできることはたくさんあります。ちょっとした工夫で子どもに安心感を与え、恐怖を大幅に低減できるのです。準備の時間を作り、ごっこ遊びを使って準備をしてみましょう。もしそうならば、「うれしくない診断」を受け入れられるように、肯定的な言葉を使うことで、小さい患者さんたちの役に立てるのです。

小児科に携わる方々が**トラウマの性質**を理解すること、そして将来的には、すべての病院や診療所が患者全員にストレスやショックによるトラウマを予防し、最小限にする実践を取り入れることがわたしたちの望みなのです。それまでは、革新的、建設的、かつ平和主義のあなたが、知識と共感を駆使して今のシステムを変えていく重要な役割を担っていきましょう。

地域での危機介入

異常気象がもたらす自然災害、感染症、学校での銃乱射、メディアによって広く放映されている暴力事件、9・11テロなど、ここ数年間、悲劇が猛威を振るう様をわたしたちは見てきました。ここからは、地域で子どもに向けて、惨事や災害に対処できる力をつける際の参考にして下さい。紹介されている活動は草の根の子どものグループ活動などを主催している方にも是非活用してもらいたいと思います。これまでに学んだ感情の緊急処置の基本は同じですが、地域を揺るがすような災難から、炭鉱などの多数の死者が出る事故、学校での自殺などにも応用できます。さらに山火事、ハリケーン、地震、竜巻、洪水、津波などの自然災害にも役立ちます。

大惨事が起こる前に、学校や近隣のボランティアとして、地域のみんなが普段から集まっておくことが大事です。また行動計画を立てていることで、あなたがショック状態に陥り、テレビで恐怖の場面を繰り返し見て家に閉じ込もることも防げます。何より、子どもに日常の生活への早い立ち直りを促すことができます。

新たな現実に直面して

2001年9月11日、アメリカでは安全への集団的な信念が音を立てて崩れました。似たようなことはまた起こり得ると思われます。わたしたちの根底にある答えの出ない問いかけ、次に何が起こるのかという不安、そして子どもには何と言うべきかなど途方に暮れるのは当然です。しかし実際は、こういった恐ろしいことに関して何を言うべきかではなく、どのように子どもと話し、その感情や心配を聞くことの方が重要なのです。子どもにとっては親の言葉より、その佇まいから汲み取る何かのほうが大きいのです。子どもが必要としていることは情報ではなく安心なのです。子どもは自分が守られていることと、愛されていることを知る必要があり、「あなたを愛しているよ、守ってあげるよ」と心から言ってあげることは、どんな説明よりも意味があります。小さい子どもには抱きしめること、ゆすってあげること、タッチをしてあげることなど、身体的なかかわりもなくてはならないものなのです。

共働き家庭は、小さい子どもにあなたが気にかけていることを知らせるために連絡をする時間を持ちましょう。概して、すべての年齢の子どもにとっては、予期できることと日課がそのままつながっていることがとても大事なのです。生活は続き、また楽しいことがあるという感覚を持ってもらえるよう、一緒に何かを計画することは苦痛を和らげることになります。

マスコミは恐怖の場面を売りものにしているようなところがあります。特に夕食の時間や就寝前は、子どもがテレビのニュースを見る時間を最小限にしましょう。子どもが寝た後でニュースを見るのが望ましいでしょう。3歳から5歳の子どもはテレビで見聞きしたことを質問してくるでしょう。この年齢層の子どもは気持ちを言葉で表現できるようになるので、あなたは気持ちをただ肯定してあげてください。絵を描いたり、描いたものについてどんな気持ちになったかを話してもらいましょう。これは子どもにとっては、ヒーローやヒロインが試練を乗り越え、そこから学んで強くなっていくのと同じ過程だと思ってください。

子どもはしばしば起こったことを整理するために、絵の中に独創的な新しい要素を加えることがあります。例えば、ある子どもは世界貿易センタービルに飛行機が衝突し、人々が窓から飛び降りるシーンを描きましたが、1つ重要なものを加えました。それは地面に置かれた小さな丸いものでした。両親にそれは何かと聞かれると「窓から落ちてくる人々を助けるためのトランポリンだよ」と子どもは答えました。

6歳から12歳の子どもなら、もっと直接的なやりとりができるでしょう。どこから情報を仕入れたのか、特に何を恐れているかを見つけましょう。例えば、子どもと一緒に愛する人を亡くした子どもに手紙を送ったり、募金をしたりして、被害を受けた人々にしてあげられることを家族で考えるのもよいでしょう。傍観者になっているよりも何かをしている方が救いになります。

9・11

アメリカ赤十字の心理支援責任者だったリサ・ラデュー（後の国家非常事態対策機関シニアアドバイザー）がヴァージニア州のアーリントンの赤十字本部担当になったのは、2001年9月11日の国防総省の被害の収拾のためでした[3]。彼女の任務は、主要都市であるワシントンDC地域の情報収集、指導、そして相談業務でした。2006年のインタビューで彼女は次のように応えています。

親や地域の世話役は「わたしたち自身に助けが必要だ。それがないと、子どもを助けられない」と悲嘆にくれ、子どもをこの大惨事からどう立ち直らせればいいのか困惑していました。親は子どもを学校に行かせることを恐れ、子どもは親が出勤したり、ちょっと買い物に行くことさえも怖がりました。暗くなると誰も外出できませんでしたし、テロのことを誰も口には出せませんでした。子どもも大人も直接的なトラウマと身代わりトラウマ（訳注 二次受傷）の両方から立ち直るため、バランス感覚の回復を目的とした構造化された支援が必要でした。

大人も子どもも一緒に立ち直るためにあなたは、テロや他の（人為的または自然の）惨事の際に対処する地域のリーダーやボランティア組織の世話役になってみてはいかがでしょうか。SE™療法は、子どもや家族が安全感覚を取り戻す際の助けになります。人間としての存在そのものを揺さぶるような出来事から回復するために、この新しいアプローチを使い、近所の子どもとトラウマのエネルギーを解放させる簡単なゲームをしてみましょう。また、アートや作文、ほかの表現方法を身体感覚と組み合わせていくことで、子どもの神経系を落ち着かせることできます。眠れなかったり、家から出ることを恐れたりして無力感を強めてしまうのを放っておかないで、生活にバランス感覚を取り戻す簡単な工夫を取り入れてみましょう。子どもの怖気づいた表情、退行し攻撃的な行動が目立つ教室、以前のように生活を楽しむ子どもらしい活気が欠けているような家庭には、迅速にトラウマに働きかけて、回復力を取り戻す必要があるという警鐘なのです。そしてそれは、近所や学校での草の根の活動でできるのです。

自然災害の後、子どもの回復力を取り戻す―タイからの教訓

ＳＥ™療法の臨床家で構成されたトラウマ奉仕活動プログラム（Trauma Outreach Program、TOP）は、本書で紹介した方法を使い、２００４年のインド洋地震による甚大な津波被害の後、タイの学校の子どもと一緒に遊ぶという活動をしました。そのほかにもラジャ・セルヴァン率いるトラウマ・ヴィドヤーというグループが南インドの生存者たちを支援しました。家族、家屋、暮らしの手段、家畜を瞬時に奪われ、恐ろしさやショックで嘆き苦しむ子ども、親、教師たちの回復のために、両方のボランティアチームが取り組みました。現地では、トラウマの応急処置の基本を教え、地元の人々がチームの帰った後も継続して回復への取り組みを続けられるようにしました。次の指針やゲームは災害が襲ってきた後に、あなたが地域の子どもたちの手助けができるように考案されています。

トラウマは神経系を圧倒させてしまうので、トラウマを受けた子どもは、しばしば自信、バランス感覚、そして行動の制御に困難を抱えます。多動になることもありますし、衝動が抑えられなくなるかもしれません。または、けだるそうにしていたり、ボーっとしていたり、気分の落ち込みがあるのかもしれません。これらの子どもたちを助けるために、身体の感覚に気づきを向けながら「旗取り」や「縄跳び」をしてみましょう。このようなお馴染みの遊びをすることで子どもは落ち着きます。遊びからの興奮や競争感覚が、たたかう―逃げると似たようなエネルギーをもたらしてくれます。そして集団遊びは

あなたの子どもや近所の子どもの状態を見分ける機会でもあるのです。

その際、遊びはきちんと構造化されていることが必要です。興奮のエネルギーの時間と充分に休む時間を同じくらいとるように企画します。輪になって静かに座り、落ち着くための時間には、大人のリーダーが子どもの感覚をチェックする質問をして、子どもに手を挙げてもらいます。今、このとき、強さを感じる人？　弱さを感じる人？　エネルギーを感じる人？　疲れを感じる人？　暑さ感じる人？　寒さを感じる人？　落ち着きを感じる人？　気分が悪い人？　わくわくしている人？　心臓が速く打っている人？　足に力強さを感じる人？　頭が痛いか、お腹が痛い人？　幸せを感じる人？

興奮と落ち着きを行き来する間に、余分なエネルギーは自然と解放されます。子どもが「追っかけたり」「逃げたり」「脱出したり」して、腕、足、胴に活力や力強さを感じると、回復力と自己調整力を促がす脳の主要部分が働くのです。遊びがもたらす感覚の体験は子どもに自信と活力を蘇らせます。このようにして子どもが身体への意識を高めると、後の人生で困難なことにあっても回復するのがはるかに簡単になります。

つながりと回復力を培うお勧めの集団の遊び

人生を一転させてしまうような猛威をふるった津波の後で、タイの就学年齢の子どもたちとやった「自信と回復力を取り戻すゲーム」がいくつかあります。「うさぎを追いかけるコヨーテ（またはトラ）」や「大縄跳びのふり」などの遊びは子どもが楽しみながら不安を解消させていくのに役立ちました。頭痛、脚の弱さ、胃痛（または気分の落ち込みや不安）を感じている子どもが、みんなで遊ぶことで統制の感覚を経験し、生命の活力を取り戻し始めました。子どもの弱った身体が生命力を漲らせ、悲しみにあふれた顔が笑いと喜びで明るくなっていくのを見るのはまさに崇高そのものです。ある子どもはほかの子どもよりも深刻なトラウマを受けていて、参加するのに個別の取り組みを必要としました。それぞれの子どもに合わせて、どのような手助けをしたのかは章の後半で紹介します。

うさぎを追いかけるコヨーテ

次に紹介する2つのゲームは、SE™療法を用い、タイ、インド、ニューオリーンズ、バトンルージュで子どものトラウマを癒している同僚のアレキシャンドレ・ドゥアルテによって、集団向けに作られたものです。アジアでは、地元の子どもたちにはトラがなじみのある動物であることが分かったので、わたしたちはこのゲームをコヨーテでなく「うさぎを追いかけるトラ」としました。ゲームの性質がそのままなら、動物は何に替えてもかまいません。この遊びに使うのは大きさと色のちがう2つのボールです。このゲームは、逃走反応を刺激するようにできています。ボランティアとして関わる大人、教師、学校カウンセラーは、大惨事のあとの子どもを助けるために一緒にやってみてください。

はじめに、大人も子どもも立って輪になり、そしてそのまま床に座ります。リーダーは1つのボールを持ち上げて、「これがうさぎさんだよ」と言って、手を伝ってボールをゆっくりパスします。大人は子どもがだんだんペースを上げていけるように励まします。しばらくすると、うさぎが子どもから子どもへ「走っていき」、参加者にはわくわくする感覚が沸きあがってきます。

次に2つ目のボールをコヨーテ（トラなど）として、うさぎを追いかけさせます。子どもたちがコヨーテの強さとうさぎの速さを感じ、おっかけっこの興奮が高まっていくと、ペースは自然と上がってきます。大きい子どもたちには方向を変える指示を出すことで、ゲームを複雑化することができます。ここでは勝ち負けではなく、おっかけっこの興奮と、捕まえられないように素早くボールをパスするチームの力を感じることなのです。

その次に、子どもは少し休み、リーダーはみんなが落ち着いたら感じているかもしれない様々な感覚を言ってみて、該当するものに手を挙げてもらいます。その後、皆で立ち上がり自分の足や地面とのつながりを感じるように指示します。このようにして、身体から過剰に活性化したエネルギーを解放します。疲れて弱っていたり、エネルギー不足を感じている子どもにはうさぎのように跳ねてもらい、大人は手を握ってスタミナと熱意を伝達させるようにします。このとき、なるべく高く飛び跳ねてもらいましょう。最初は手伝ってあげて、次は独りで。

遊びが終盤に差しかかったら、誰か一人でも子どもが凍りついていないか、閉ざしていないかを注意深く見てみます。もし誰かが、ぎこちなかったり、ボーっとしていたら、大人はその子に地面を感じてもらい、今、ここを実感してもらいましょう。向かい合って子どもが大人の手を押し、大人は少しの抵抗を加える「手と手の押し合い」も子どもを落ち着かせるのにとても役立ちます。

大縄跳びのふり

このゲームは子どもに活性化をもたらすものから離れるのではなく、向かっていき、そして上手に抜け出すという経験をさせてくれます。大縄は必要ではありません、パントマイムのようにふりをするだけでよいのです。２人の子ども、もしくは大人が大縄を持ったふりをして、ほかの子は列に並んで順番を待ちます。最初は、縄を地面の近くで振ります。子どもがもっと難易度の高いものを望んだら縄を高くイメージしてもらいましょう。こうして一人ずつ縄を上手に跳んでいくのです。なぜ実際の大縄を使わないのかというと、想像力を使い、かつ転倒する可能性を少なくするためです。対処できる範囲の脅威を用いることで、子どもの自発的な動きを引き出し、逃走が成功するときの満足感を与えてくれます。

〔Note：このような集団遊びには、「力づけ遊び」、「真夜中にやってくる狼」、「現在・過去・未来の石蹴り」、そして「パラシュート」などがあります。（第3章の原注（4）の本を参照）〕

遊びのための覚書

大惨事の後に困難を抱えている子どもを見つけて助ける大人のリーダーの存在が、子どもの「自己調整力を引き出す」鍵を握っているのです。落ち着くのが難しい子は比較的見つけやすいでしょう。一方で、陰に隠れていたり、疲れすぎて続けられなくなったり、頭痛や腹痛を訴える子どももいるでしょう。大人は困っている子どもが対処できるように導きたいところです。助けを必要とするすべての子どもに大人がちゃんといてあげていることを示すために、幾人かの大人がゲームに参加するのです。

もし、ある子どもがさらなる助けを求めていたら、リーダーは集団全体に向けてお互いに助け合うことの大切さを教えます。例えば、1人が疲労を訴えたら横になってもらい、仲のよいお友達や先生のひざや肩にその子の頭を寄りかからせます。そして大人は、どこが疲れているのか質問するようにします。もしその子が「自分の脚」と言ったら、子どもには脚を少し休めさせ、準備ができたらゆっくり脚を支えてもらいながら動かさせます。自分が好きな動物のように脚を動かしてもらってもいいでしょう。子どもが脚を交互に動かしたいときは、背中を床につけてひざを立ててもらい、足がマットについた状態で始めて下さい。

多動で落ち着くのに助けがいる子どもには、大人や落ち着いている子どもが隣に座ってあげて一緒に地面を感じてゆっくり呼吸をしましょう。この時、子どもの肩や背中に手を置いて落ち着きを伝えましょう。ここでは、個人差があるのは当然なことなので、みんなが助け合うことでさらにつながりが深まります。

村ごとさらったハリケーン、そしてほかの自然災害

2005年のメキシコ湾ハリケーンで、ミシシッピのガルフポートにあるスリーリバー小学校の生徒たちは、家が流され、家族が離散しました。生徒たちが惨事の後を乗り越えられるようにするために、

学校職員はかつてない困難に直面しました。ニューヨークタイムズのエマ・デイリーのレポート「カタリナの被害を子どもに乗り越えてもらうために」（2005年11月16日付）には、子どもたちが保健室に「あいまいな訴え」つまり発熱、頭痛、そして胃痛で通い続ける様子が載っていました。子どもは喪失やトラウマ体験の後、よく熱を出すことがあるのです。他には物静かになり、引っ込み思案になる子もいたそうです。もちろん、これらの症状のすべては惨事の後に共通してみられるものです。多くの人々は身体症状とトラウマに関連を見出そうとはしません。国境なき国際医師団のリン・ジョーンズ博士は同紙で、ハリケーンの被害を受けた子どもに「これは自然なことで大丈夫なんだよ。とっても怖かったり大変な経験をすると、痛みや怖さが身体に残るんだよ」と言って症状を肯定してあげることの大切さを強調しています。これは、トラウマの長期化を予防するために本書に記してある身体感覚や感情への働きかけと同じです。身体は負荷に耐えようとします。エネルギーの活性化と放出を促し、感覚や気持ちを共有し合うように、構造化されたゲームは無力感と無希望のなかでも自信の感覚を取り戻させてくれます。

自然災害、テロ、戦争などの多数の犠牲者が出るような状況では、地域の世話役ももちろん被害に苦しんでいます。「大惨事というものは、悲嘆のもとで特有の遠慮を生み出すのです」とジョーンズ博士は続けます。みんながみんな何かを失うので、どうしても近所の人に頼るのではなく孤独に苦しむ傾向に陥ります。例えば、タイで子どもを一人失った母親には、子ども全員と家屋を失った友達がいました。その女性はわたしたちに、友人はもっと失ったのだから彼女よりは苦しいはずがないのだと言っていました。しかし、喪失の度合いにちがいがあるからといって、自分自身の痛みやトラウマが少なくて済むわけではありません。特に子どもは、親には心配をかけまいとして悲しみを見せないで大丈夫なように振舞うことがあります。子どもは親の痛みを和らげようとして自分の痛みを秘密にします。

そこで子どもにも親にも、遠慮や孤独から救われるきっかけを作るのが、集団への支援なのです。近所の人々はパトロールの仲間たちと非常時の準備ということで集まって、段取りやゲームの練習をするのがよいでしょう。惨事の際にはお互いに助け合うために、子どもと一緒に計画をしましょう。近所ではお互いを必要とし、人と人は癒し合うのです！

学校での新しい緊急支援

典型的に行われてきた学校での緊急介入は、皆を恐ろしさに曝露させ、その事実をもとに取り組もうとします。トラウマへの反応を自然なものとしながらも、子どもに何が起きたのかを話させるように作られています。緊急支援チームは子どもに見たこと感じたことの中で最悪だったところを語らせることもあり、そして、それが癒しだと信じて、そのまま去っていきます！

ひどい経験を語らせられるだけなら何の意味もありません。わたしたち著者は、このようなトラウマのメカニズムを理解していない支援が、子どもに再びトラウマを引き起こすことを確信しています。（トラウマを受けた多くの大人もそうですが）子どもは、従順になる傾向があるので、最初に対応した人は子どもをさらなる凍りつきや解離状態に追いやっていることに恐らく**気づいていないのでしょう**。

SE™療法は、学校や地域の緊急介入に新しい提案をしています。これは2004年の津波の後でタイの子どもやアメリカのカタリナやリタのハリケーンの生存者たちに使って成果をあげたものです。ニューオリーンズ、バトンルージュ、そしてタイでこの取り組みを受けた人々が調査に協力してくれて、短期・長期の両方での劇的な効果を証明しています。トラウマ症状のかなりの軽減が、たった1〜2回のSE™療法の応急処置セッションでできるのです。

SE™療法と他の緊急介入との決定的ちがい

SE™療法の応急処置は、症状を和らげるためにその原因となっているエネルギーを解放することに重点がおかれています。これは子どもの内側の身体感覚という資源に働きかけることで神経系の過度な活性化を解消することで行われます。ですから情報を収集したり与えたりして、子どもに大惨事について話してもらうのとはまったくちがいます。子どもには記憶ではなくて、出来事の後で困難になってしまったことを教えてもらいます。大惨事のあとの共通する反応としては、食事や睡眠の困難、イライラ、ボーっとしてしまうこと、手足の弱さ、疲労、麻痺、頭痛、死んでいるような感覚、フラッシュバック、将来への不安、パニックや生存者としての罪悪感などがあります。

起こったことを話すように促さないことで、再トラウマ化を防止します。SE™療法は、嘆き、怖がっている子どもに、起こった最悪のことを語らせたりはしません。そうではなく子どもの身体の反応をよく見て、聴き、感覚や感情に少しずつ働きかけてショックや苦痛から動き出せるようにサポートします。子どもは巧みに引き出されるのではなく、出来事の一部が自然に想起されるので、少し話してくれることもあります。

それでは、SE™療法の緊急介入をみてみましょう。これは、中等学校（小学校5年生から中学校2年生）の子どもたちがバスを待っている間に、車からの射撃を目撃してしまった例です。カウンセラーがその日の朝と引き続き何回か、子どもたちの集団と会いました。しかし、そのなかの男女1人ずつは問題を抱え続け、危機カウンセリングに紹介されてきました。2人の症状は身体感覚への働きかけを受けた後に解消されました。次に示すカーティスの例では、危機の後、SE™療法がどのように行われるのかを示しています。

射撃事件の目撃から無邪気さの回復へ

カーティスは、バス停で車からの射撃を目撃した男子生徒の1人でした。彼は、事件のことが頭からはなれず、学校カウンセラーから紹介されてきました。学校では、落ち着かず気が散り、家では弟に対して攻撃的でした。私がカーティスに会ったとき、彼は「またもとの自分に戻りたい」と言って、「こんなことはしたくないんだ」と話してくれました。彼を最も悩ませているのは、撃たれた人が地面に横たわっているのを思い出すたびに沸いてくる怒りでした。またクラスでは集中できず、睡眠も困難な状態で、誰でもいいから傷つけたいという味わったことのない感情の理解に苦しんでいました。

私が身体のどこで怒りを感じるかを聞いてみると、彼は「脚全部」と答えました。一緒に彼の脚全体の感覚を探っていくと、1〜2分後、カーティスは自分の脚が蹴りたがっていると教えてくれました。彼はキックボールやサッカーが好きで、脚に感じる強さの感覚に言及しました。これは、とても重要な彼の資源です。一緒にその強さを感じていくと、カーティスは、犯人の手から銃をキックできたらよかったと思っていることを発見しました！　カーティスには脚を使って銃を蹴りたいのと同じやり方でサッカーボールを蹴ってもらいました。彼は、力強くボールを蹴り始めました。

恐らく彼は興奮し怒りが湧き上がると思われたので、私はカーティスに速く激しくというよりスローモーションで蹴る動きを見せました。彼には蹴る準備ができたときのお尻、脚や足の感覚や身体が銃撃をやめさせるためにしたいことを教えてもらいました。そして、休んだら脚がどんな感じになるかに気づいてもらいました。これを繰り返すたびに、彼の脚には震えが起こっていたはずです。活性化した過剰なエネルギーが解放されると、カーティスは落ち着いて深呼吸し、自分の安定感、力強さ、そして自信が戻ったかのようにボールを全力で蹴りました。こうして誰でもいいから傷つけたいという衝動は消えました。

そしてショックを彼の身体から解放する応急処置のセッションをした後、症状はなくなりました。数週間後、カーティスと学校カウンセラーが確認のため会ったときも、症状は戻ってきていませんでした。彼はわけの分からない怒りを感じなくなったことに安心し、自分らしさを取り戻したのでした！

この種の危機介入の重要な点は、出来事への恐怖に焦点を当てることではなく、自分または他者を守るためにできなかった身体的な反応を完了へ向かわせることにあります。これこそが症状を和らげ、カーティスのトラウマを後々まで続く変容へと導いたのでした。

集団で危機を乗り越えるために

カーティスとやったようなＳＥ™療法の危機対応のセッションは、感覚への働きかけ、神経系の活性化と脱活性化を捉える技術、そして防衛のための感覚運動を観察する方法の基本を身につけたカウンセラーがやってもいいでしょう。次のガイドラインは自然災害、学校での銃撃事件、またはテロなどの惨事の後で、学校で集団としてできる応急処置です。保護者や先生は一緒になって、子どもたちが過剰に活性化した状態から落ち着きを取り戻すのを助けてあげましょう。全員が集合したら、一人の生徒に前に出てもらいます。仲間が症状に取り組んだ後で安心しているのを見れば、恥ずかしがっている子どもも自分のために助けを求められるようになるでしょう。次に書かれているのは３人～12人向けです。

1. できるだけたくさんの保護者（または世話役）を集めます。
2. お互いが見えるように輪になって座り、子どものすぐ後ろには大人が座って、しっかりしたサポートの集団を作ります。
3. 必須ではありませんが、前に出た子どもには子ども用のバランスボールに座ってもらうよう用意しておくとよいでしょう。ボールに座ることで子どもは感覚を感じやすくなります。ボールはとても心地よく、子どもが大好きなものです。

4. トラウマ反応について子どもたちに教えます。症状があっても大丈夫なことを知らせるため、ショックの真っ只中とだんだんショックがなくなっていくときとの両方にどんなことが起こるかを説明します。この本で学んだ情報を使ってみましょう（例 何も感じなくなったり、ほかにはイメージや苦しい思考が何回もよぎったり、など）。子どもたちを助けるためにあなたが何をしようとしているかを説明してあげてください（例 これからみんなで身体感覚について学び、行き場のない気持ち、イメージ、そして心配を身体と心からどのように追い出していくか）。

5. 何が起こったかを語ってもらおうとして探りを入れてはいけません。そうではなく、子どもには症状の和らげ方を伝えることで安心させましょう。

6. 起きているであろうトラウマ症状（例 睡眠、食事、または集中の困難、悪夢、「これは本当に起きたことではない」という気持ち）について聞いてみましょう。しかし、同時にあまり症状に焦点を当て過ぎてもいけません。なぜならもっと心配を引き起こし、そのような症状を味わっている自分に問題があるのではないかという気持ちになりかねないからです。症状は自然なものであるという認識を与え、子どもに落ち着きとバランス感覚を取り戻すためだけに話し合うのがよいでしょう。

7. （感情とは区別して）感覚とは何かを説明し、みんなで様々な感覚の言葉を洗い出しましょう。みんなに見えるように書き出すのもいいでしょう。そしてショックから抜け出す際に何が起こるかを説明します。例えば、振えや震動を感じたり、涙が出たり、不安になったり、気分が悪くなったり、温かみを感じたり、冷たく感じたり、何も感じなかったり、または、走りたくなったり、たたかいたくなったり、消えたくなったり、隠れたくなったりなど。

8．輪のなかの1人の子どもに前に出てもらい、まず安全を感じるために、仲のよい友達や親しみを感じる大人と目を合わせてもらいましょう。さらに助けが必要になったら、いかなるときも、先に進まずもう一度、グループのなかのお気に入りの仲間を見てもらいます。

9．前に出た子にはイスかボールのどちらかでくつろいで座ってもらい、床についている足、座っているものの支え、そして呼吸を感じてもらいます。地面を感じているのか、自分の中心を感じて安心しているのかをチェックしましょう。

10．準備ができたら、感覚に取りかかります。始めに心地よさと喜びを感じるような感覚を挙げてもらいます。もし、その出来事の後、何も心地よさを感じられるような時がなかったとしたら、以前に心地よいと感じたことを選んで、それを今このとき、思い出してもらいましょう。どのような感覚が起こってくるかを言ってもらいます。

11．子どもは自然に症状を話すかもしれませんし、もしくはあなたが出来事以来どのような困難を抱えているかを聴いてみましょう。そしてどんな気持ちかも尋ねてみましょう。感覚への気づきを促す質問やアドバイスを次にまとめました。

a．『(例) 木の後ろにいる怪しい男』を思い浮かべると、身体はどんな感じになりますか？

b．彼がまた戻って来るかもと心配するとき、身体はどんな感じになりますか？

c. そして、おなかのあたりに堅い感じがしたとき、ほかに何か気づくことはありますか？ 何のように堅いですか？ それは何のように見えますか？ どこで感じるかを指してみてください。
d. そして、その堅い石を見て…または、拳を石のようにしてみると…次に何が起こりますか？
e. 脚が震えているのを感じたとき、脚は何をしたいのだと思いますか？
f. 脚が走りたいような感じがしたら、あなたのお気に入りの場所に走って行き、ほっとできる人があなたのことを待っているのを想像してみましょう。
g. または子どもには、お気に入りの動物のように走っていくところをイメージしてもらいましょう。風を顔に感じて脚を速く動かし、脚に力強さを感じて走るのを想像してもらいます。

12. 子どもに従っていくことがここでの目的です。子どもが内側の反応に気づいたら、次に何が起こるかを好奇心を持って探求してもらいます。

付記

第2章には、ショックから抜け出すための感情の応急処置の詳細があります。愛する人を亡くした時は第7章を参照してグリーフに子どもが取り組む手助けをしてください。保護者、先生、カウンセラーの方々が学校で使えるような遊びや活動については、第3章の原注（4）の本の第11章をご覧下さい。

本書の冒頭でも述べたように、トラウマは人生にはつきものです。この巨大な怪物に少なくとも何らかの形でみんなが遭遇するのです。しかし、トラウマは終身刑ではありません。生まれながらに持っている回復力に取り組む簡単な方法を知っていれば、自信や喜びを取り戻すことができるのです。1度に1人の子ども、そして、やる気になれば、1度に1つの機関に働きかけて、あなたは世界を変えることができるのです。最後になりましたが、あなたのこれまでの学びと努力に心から感謝いたします。子どもたちは未来への希望そのものです！

訳者あとがき

本書は、米国でピーター・ラヴィーン博士が開発し、世界20カ国以上で使われている神経系に焦点をあてた非侵襲的なアプローチ、ソマティック・エクスペリエンシング™療法（以下ＳＥ™療法と表記）のエッセンスを子どもに使えるように書いたものです。ＳＥ™療法の創始者であるピーター・ラヴィーン博士とこの療法で子どもたちを癒し、その技法を欧米諸国で教えるマギー・クライン氏が、保護者、教師、心理職、児童福祉士、医療従事者などに向けて、すぐ使える画期的な技法を紹介しています。トラウマとは出来事そのものではなく、われわれの身体や神経系の反応であるということを理解すると、癒しの糸口が見えてきます。子どもの神経系に効果的に働きかけることを紹介した本として２０１０年に日本語版が出版されましたが、その翌年に東日本大震災があり、著者たちの教えをもとに被災地に赴いたのを今でも覚えています。新訳版がパンデミックや軍事侵攻を経験した２０２２年に世に出ることになり、大きな意義を感じています。

訳者がサンフランシスコとロサンゼルスで２００６年から、３年間のＳＥ™療法のトレーニングを受け、この療法を実践しはじめたときに新鮮な感動を味わったことを今でも忘れません。傾聴したり、分析をしていても変化が乏しくていきづまって改善しなかったところが、来談者さんとセラピスト双方にとって喜びあふれ、力を与えてくれるものになりました。

実際に、子どもたちに第3章と第4章で取り上げられているようなテクニックを使ってみても、うまく感覚に注意を向けてもらうコツがなかなかつかめないこともありました。しかし、夢中になって一緒に遊んで興奮する時間と、しばらく休息をとる時間を設けて、遊びを「構造化」することで、ちょうどよい活性化と鎮静化のリズムが生まれることが読めてきました。ちなみに、折り紙やモールは非常に優れた媒体です。手先を動かして色を見ながら形を作っていくので、自然と子どもの神経系が調整され、柔軟性を帯びていきます。子どもが攻撃的な遊びを繰り返し始めたらペースを落とし、手や足に力を感じてもらうと、子どもにエネルギーの解放がもたらされることがよくあります。遊びはこうしてトラウマの再交渉に向かいます。

SE™療法の遊びのセッションは日常の事故や転落以外の場合、すなわち虐待やネグレクトなどの複雑なトラウマの場合は、すぐには効果が見えないこともももちろんあります。しかし、じわじわと子どもの言動は変わり、「あれ、落ち着いたな」「お友達と遊べるようになったな」などのうれしい変化が徐々に聞こえてきます。

また、思春期の青少年にこの療法を使うと、非常に驚きがたくさんあります。ひきこもっていたり、不定愁訴に苦しむ子どもたちが、回復力を備えている自分と出会うことで、お腹のあたりに活力が湧き、脚力が強くなって、そして顔に表情が戻ってきます。

どんなに過酷な子ども時代を過ごしても、癒しには遅いことなどありません。第2章には「飛行機で酸素マスクをまず自分の鼻と口に最初にあて、次に子どもに着けるようにアナウンスされる」というたとえが出てきます。くれぐれも大人がまず自分に助けを求めてください。気分の落ち込みや不安定さ、慢性的な疲労、うつ状態などの根底には、おびただしい未完了のエネルギーが解放されるのを待っています。安全に資源を発見しながら感覚に働きかけることで、自身の内なる叡智と出会えるのです。そうすると、個人差はありますが、「いつも疲れていたのになんだか元気になった!」「否定的な思考に閉じ込められることが減った」「休むことが苦手だったのに、ゆっくりするのを楽しめるようになった」などのうれしい変化が訪れてくれます。これは、思考のくせのような認知だけでなく、感覚に働きかけることでエネルギーの解放が起り、新しい神経伝達パターンが形成されるからです。今まで伝えられなかったことを建設的に主張できたり、上手に境界を保つことができるようになるのはこのためです。来談者さんたちには、本来の生命のエネルギーを取り戻すという「再生のストーリー」を見せていただきました。あなたは誰よりも強いのです!

著者の1人、マギー・クライン氏はこの本の日本語版の構成にあたり、第3章にあった詩「Magic in Me」を省略し、一部改訂するという案に快諾してくだいました。なお著者たちのインタビュー取材元は読みやすさを考慮し、文中ではなく注記に記しました。また、国書刊行会の中川原徹氏には、一度絶版になってしまった本書を、蘇らせるために動いて下さったことに心から感謝しております。最後に、お読みいただいた読者の方々、みなさんは今日の、そして未来の希望そのものです！　本当にありがとうございました！

２０２２年　７月吉日

浅井咲子

関係機関情報

● Alliance for Transforming the Lives of Children
妊娠、出産、子育てに関する保護者向けのエビデンスに基づいた情報を提供している。www.atlc.org（英文）

● Balametrics
教育者、保護者、心理療法家向けにバランスボードや感覚統合のための役立つ情報を紹介している。www.balametrics.com（英文） email:info@balametrics.com

● BEBA（Building and Enhancing Bonding and Attachment）
カリフォルニア州、サンタバーバラの家族のための癒しの機関。出版物、学会、ビデオ、保護者への教育グループを通して胎児期、出生時、早期のトラウマの治癒を目指す。www.beba.org（英文）

● Calm Birth
出産に関わる専門家向けのトレーニングやワークショップをオーストラリアなどで開催。出産のプロセスを母子ともに平和なものとするための情報も提供している。www.CalmBirth.org（英文） email:info@CalmBirth.org

● Somatic Experiencing™ International
ピーター・ラヴィーン博士が開発したSE™療法の普及、トレーニングを目的とした機関。国際的にトラウマの治癒と予防に貢献している。https://traumahealing.org/（英文）

● SE™ ジャパン（SEJ）
日本によるSE™療法の普及を目指す。専門家向けのトレーニングの情報提供やトラウマケアについての啓蒙活動を行う。また、ウェブサイトでは、SE™療法のプラクティショナーを検索できる。https://www.sejapan.website/（日本語）

● 国際メンタルフィットネス研究所
SE™療法、ポリヴェーガル理論の実践や研究を行っている花丘ちぐさ氏が主宰する研究所。神経生物学的モデルを活用した様々な心理療法の専門家向けワークショップやトレーニングを開催している。https://theresahanaoka.jimdofree.com/（日本語）

補足情報

【４章】手術や入院生活の準備のために

● スターブライト
https://orgs.tigweb.org/the-starbright-foundation

【７章】両親の離婚の際、子どものために

● ローリーン・クラスニー ブラウン著（日野智恵、日野健 共訳）『恐竜の離婚』（絵本シリーズ「パパとママが別れたとき……」）、明石書房、2006

● ヴィッキー ランスキー（中川雅子訳）『ココ、きみのせいじゃない—はなれてくらすことになるママとパパと子どものための絵本』、太郎次郎社エディタス、2004

【８章】子どもを優先にする医療プログラムの実践のために

● 子どもの病院での生活を支えるための子どもの専門家向けのウェブサイト
チャイルドライフカウンシル www.ChildLifeCouncil.org（英文）

参考文献

・Ames, L.B., Gillespie, C., Haines, J., & Ilg, F. (1979). The Gesell Institute's child development from one to six. New York: Harper & Row.

・Bowlby, J. (1988). A secure Base: Parent-child attachment and healthy human development. New York: Basic Books.（二木武訳『母と子のアタッチメント―心の安全基地』医歯薬出版、1993）

・Bowlby, J. (1973). Separation: Anxiety and Anger (Attachment and Loss Vol 2). New York: Basic Books.（黒田実郎他訳『母子関係の理論―新版Ⅱ分離不安』岩崎学術出版、2013）

・Damasio, A.R. (1994). Descaretes'error. New York: Putnam.
（田中三彦　訳『生存する脳―心と脳と身体の神秘』講談社、2000）

・Herman, J. (1992). Trauma and recovery. New York: Basic Books.
（中井久夫訳『心的外傷と回復〔増補版〕』みすず書房、1999）

・James, J.W., & Friedman, R. (2001). When children grieve. New York: Harper Collins. (The Grief Recovery Institute,　www.grief-recovery.com)

・Kinsey, A., Pomeroy, W., Martin, C., & Gebhard, P. (1998). Sexual behavior of the human female. Indiana: Indiana University.

・Kohut,H.(1977). The restration of the Self. New York: International University Press.

・Levine, P. (2002). Healing Trauma: A pioneering program for restoring the wisdom of your body. Louisville, CO: Sounds True.

・Levine, P. (2003). Sexual healing: Transforming the sacred wound. Louisville, CO: Sounds True.

・Levine, P. (2002). It won't hurt forever: Guiding your child through trauma. Louisville, CO: Sounds True.

・Oaklander, V. (1978). Windows to our children. Moab, UT: Real People Press.

・Siegel, D. J., (1999). The developing mind. New York: The Guilford Press.

第7章

1. Steele, W. & Raider, M. (2001). Structured sensory intervention for traumatized children, adolescents and parents. Mellen studies in social work series, 1, 155.
2. Wallerstein, J.S., Lewis, J.M, & Blakeslee, S. (2000). The unexpected legacy of divorce: A 25-year landmark study. New York: Hyperion.
3. Hetherington, M. & Kelly, J. (2002). For better or worse: Divorce reconsidered. New York: W.W. Norton & Company, Inc.
4. Lansky,V. (2001). Divorce: 10 things I learned. Retrieved date 11/09 from Oxygen Media: http://www.oxygen. com/topic/family/fammtres/divorce10_20011109.html.
5. 同掲書 2

   Heinke, C.M.,& Westheimer, I. (1965). Brief separations. New York: International University Press.

   Soloman, J. & George, C. (1999). The development of attachment in separated and divorcedfamilies: Effects of overnight visitation, parent and couple variables. Attachment and human development, 1(1)2-33.

6. Hetherington, M. (1993). An overview of the Virginia longitudinal study of divorce and remarriage with a focus on early adolescence. Journal of Family Psychology, 7(1), 39-56.
7. Kubler-Ross, E. (1969). On death and dying. New York: Macmillian.（上野圭一訳『人生は廻る輪のように』角川書店、2003）

第8章

1. K. Schanche, personal communication, July 14, 2006. (University of California at San Francisco Medical Center)
2. Make-A-Wish Foundation (www.wish.org)
3. L. R. LaDue, personal communication, July 25, 2006. (Kirkwood Community College)

Michaloliakou, C., Chung, F. & Sharma, S. (1996). Preoperative multimodal analgesia facilitates recovery after ambulatory laparoscopic cholecystectomy. Anesth. Analg.

Marshall, S.I. & Chung, F. (1999). Discharge criteria and complications after ambulatory surgery. Anesth.Analg. 88(3), 508.

6. Levine, P. & Kline, M. (2007). Trauma through a child's eyes: Awakening the ordinary miracle of healing from infancy through adolescence. Berkeley, CA: North Atlantic.
7. Levine, P. personal communication in interviews with both sets of parents.
8. 前掲書 4
9. 前掲書 4（from a 1998 study in the Archives of Pediatrics & Adolescent Medicine）

第6章

1. Kinsey, A., et al.(1953). Sexual behavior of the human female. Philadelphia: W.B. Saunders.
2. Safe child program. (n.d.). Retrieved 2006, from http:// www.safechild.org
3. Harborview medical center, Harborview center for sexual assault and traumatic stress (n.d.). Basic facts about sexual child abuse. Retrieved 2006, from http://www.depts.washington.edu/hcsats/factsheets/csafacts.pdf.
4. 前掲書 2
5. Marshall, J. (1972). George and Martha. New York: Houghton Mifflin Co.（安藤紀子訳『ジョージとマーサ』偕成社、2002）
6. Adams, C. & Fay, J. (1984). No more secret: Protecting your child from sexual assault. San Luis Obispo, CA: Impact Publishers.
7. Wiehe, V. R. (1997). Sibling Abuse: Hidden physical, emotional, and sexual trauma. Thousand Oaks, CA: Sage Publications.
8. Child Adolescent Psychiatry Journal, (1996), 35 (1).
9. Becker, J.V. & Coleman, E.M. (1988). Handbook of family violence. New York: Plenum Press.
10. 前掲書 6
11. Van Derbur, M. (1989). Miss America by day: Lessons learned from ultimate betrayals and unconditional love. Denver, CO: Oak Hill Ridge Press.
12. Hindman, J. (1987). Just before dawn: From the shadows of tradition to new reflections in trauma assessment and treatment of sexual victimization. Lincoln City, OR: AlexAndria Associates.
13. Freyd, J. (1996). Betrayal trauma. Cambridge: Harvard University Press.

原 注

第1章

1. Levine, P. (1997). Waking the tiger. Berkeley, CA: North Atlantic.（藤原千枝子訳『心と身体をつなぐトラウマ・セラピー』雲母書房、2008）
2. 前掲書1
3. Damasio, A.R. (1999). The feeling of what happens: Body and emotion in the making of consciousness. New York: Harcourt, Inc.

第2章

1. LeDoux, J.E. (1996). The Emotional Brain: The Mysterious Understandings of Emotional life. New York: Simon & Schuster.（松本元　他訳『エモーショナル・ブレイン—情動の脳科学』東京大学出版会、2003）
2. R. Fulford, personal communication, Summer, 1980

第3章

1. Terr, L. (1990). Too scared to cry: Psychic trauma in childhood. New York: Basic Books.（西澤哲訳 『恐怖に凍てつく叫び』金剛出版、2006）
2. Jung, C. (1970). Structure and dynamics of the psyche. In G. Adler, & R.F.C. Hull (Eds. & Trans.), Collected works of C. G. Jung 8(2). Princeton: Rutledge.
3. Oaklander, V. (2006). Hidden treasures: A map to the child's inner self. London: Karnac Books.
4. Levine, P. & Kline, M. (2007). Trauma through a child's eyes: Awakening the ordinary miracle of healing, infancy through adolescence. Berkeley, CA: North Atlantic.

第4章

1. Acosta, J. & Prager, S. (2002). The worst is over: What to say when every moment counts—Verbal first aid to calm, relieve pain, promote healing and save lives. San Diego, CA: Jodere Group.
2. Karr-Morse, R. & Wiley, M. W. (1997). Ghosts from the nursery: Tracing the roots of violence. New York: The Atlantic Monthly Press.
3. Levy, D.M. (1994). On the problem of movement restraints. American Journal of Orthopsychiatry, 14, 644.
4. Brink, S. (2000). Soothing the littlest patients: Doctors focus on easing pain in kids. Retrieved June 12, 2000, from U.S. News & World Report: http:// www.usnews.com.
5. Yaspal, K. Katz, J. & Coderre, T. J. (1996). Effect of preemptive or post-injury intrathecal local anesthesia on persistent nociceptive responses. Anesthesiology.

著者紹介

ピーター・ラヴィーン（Peter A. Levine 博士）
トラウマ研究において40年近く先駆的な役割を務める。ソマティック・エクスペリエンシング™療法を開発し、その普及に貢献した。NASA のスペースシャトル開発ではストレスコンサルタントとしてかかわり、アメリカ心理学会においては大規模災害や民族政治紛争の研究分野で主導的役割を担ってきた。現在はケアがまだ届かない人々にＳＥ™療法を広めていくことを使命としている。

マギー・クライン（Maggie Kline　理学修士、カリフォルニア州公認セラピスト）
元スクールサイコロジストで現在はサイコセラピストとして約25年の経歴を持つ。教師や保護者としての経験もある。ＳＥ™療法と夢、アート、遊びを統合したセッションを行い、大人・カップル・青少年・子どもへのトラウマ予防や治療に従事している。欧米で、ＳＥ™療法のシニアトレーナーとして専門家たちに教えると同時に、教育者たち向けに子どものためのワークショップもしている。2004年にインド洋で起きた津波のあとにタイに赴き、トラウマを受けた子どもたちにグループ療法をすることで貢献した。

訳者紹介

浅井咲子　（あさい・さきこ）
公認心理師、ソマティック・エクスペリエンシング™療法プラクティショナー、上級コンサルタント。神経自我統合アプローチ［NIEA］開発者。
外務省在外公館派遣員として在英日本国大使館に勤務後、米国ジョン・F・ケネディ大学院カウンセリング心理学修士課程修了。現在、セラピールーム「アート・オブ・セラピー」代表。トラウマ、愛着、解離などによる問題や症状を改善することを実践しながら、多数の講演・講座もしている。著書に「「今ここ神経系エクササイズ」、「いごこち神経系アプローチ」（梨の木舎 2017年 /2021年）、「安心のタネの育て方」（大和出版 2021年）など、翻訳書に K. ケイン /S. テレール著「レジリエンスを育む」（岩崎学術出版2019年）〔共訳〕、J. フィッシャー著「トラウマによる解離からの回復」（国書刊行会 2020年）、「内的家族療法スキルマニュアル」（岩崎学術出版 2021年）〔共訳〕がある。

新訳版
子《こ》どものトラウマ・セラピー
——自信《じしん》・喜《よろこ》び・回復力《かいふくりょく》を育《はぐく》むためのガイドブック

2022年 8 月25日　初版第 1 刷発行

著　者　ピーター・ラヴィーン、マギー・クライン
訳　者　浅井咲子
発行者　佐藤今朝夫
発行所　株式会社 国書刊行会
〒174-0056 東京都板橋区志村 1-13-15
TEL 03（5970）7421　FAX 03（5970）7427
https://www.kokusho.co.jp

装　幀　真志田桐子
印　刷　三松堂株式会社
製　本　株式会社ブックアート

ISBN 978-4-336-07347-1